U0901749

站在云端看电商

一切重新想象的互联网世界

杨志明◎ 著

OBSERVATION OF E-COMMERCE
FROM CLOUD

中华工商联合出版社

图书在版编目（C I P）数据

站在云端看电商：一切重新想象的互联网世界 / 杨志明著 - 北京：中华工商联合出版社，2015.7

ISBN 978-7-5158-1380-6

Ⅰ. ①站… Ⅱ. ①杨… Ⅲ. ①电子商务 - 研究 Ⅳ. ①F713.36

中国版本图书馆 CIP 数据核字（2015）第 160493 号

站在云端看电商：一切重新想象的互联网世界

作　　者： 杨志明
责任编辑： 郑承运 郭云雪
装帧设计： 王玲芳
责任审读： 李　征
责任印制： 迈致红
出版发行： 中华工商联合出版社有限责任公司
印　　刷： 北京睿特印刷厂大兴一分厂
版　　次： 2016 年 1 月第 1 版
印　　次： 2016 年 1 月第 1 次印刷
开　　本： 710mm×1020mm　1/16
字　　数： 185 千字
印　　张： 17
书　　号： ISBN 978-7-5158-1380-6
定　　价： 39.00 元

服务热线： 010 — 58301130
销售热线： 010 — 58302813
地址邮编： 北京市西城区西环广场 A 座 19 — 20 层，100044
http://www.chgslcbs.cn
E-mail:cicap1202@sina.com（营销中心）
E-mail:gslzbs@sina.com（总编室）

工商联版图书
版权所有 盗版必究

凡本社图书出现印装质量问题，请与印务部联系。
联系电话：010 - 58302915

目录

尾 声

玩转圈子，才能玩大生意 247

引 言

数字革命下的电商时代

OBSERVATION

OFE-COMMERCE

FROM CLOUD

数字时代，柯达胶卷被数码相机淘汰，诺基亚被苹果淘汰，传统商业被电商淘汰……每个人的生活都因为数字时代的到来而发生了变化。过去的人喜欢逛街，如今的人喜欢逛淘宝等电商商铺，电商的到来让人们的生活便捷轻松，消费方式也随之悄然发生了变化。

横空出世的新平台

近年来，随着互联网和信息技术的不断发展，“平台”的概念开始被人们所熟识。在数字革命下的电商时代，谁掌握了平台，谁就能轻松掌握数字革命的脉搏。

经济发展到如今这个地步，企业的理想已经不在于产品，不在于质量，也不是成为行业标准制定者，而是打造一个平台。各种各样的平台型企业层出不穷，有门户网站，也有网络游戏；有电子商务网站，还有第三方支付平台；有网络视频网站，以及互联网金融等形式。平台正在成为中国电商企业发展的战略核心，而其中最为引人注目的就是微信、微博、淘宝。

在数字革命下，人们的生活已经离不开微信、微博和淘宝，微信已经成为移动互联网中最大的即时通讯平台，微博也是中国互联网时代最大的社交平台，淘宝更是电商企业无可争议的平台霸主。

2003 年 5 月，阿里巴巴公司以 1 亿元创办了淘宝网，这个从事拍卖二手货交易的电商平台，至今已经发展成为国内最大的电子商务平台。

个人或企业都可以在淘宝网上开设网上商店，向各地的消费者销售商品，无论是全新商品还是二手商品，无论是一口价销售还是采取拍卖形式。淘宝平台为电子商务的发展创造了无限的可能。

目前，淘宝的注册用户已经超过 5 亿，日访问人数超过 6000 万，平均每天在线商品数超过 8 亿件，平均每分钟就可以卖出 4.8 万件商品。淘宝作为中国消费者最喜爱的电商平台之一，在中国网购市场占据了绝对领先的地位。2012 年，淘宝网和天猫网的交易额就超过了 1 万亿人民币，超过亚马逊和 eBay 两者的总和。淘宝更是被英国《经济学人》杂志称为“世界上最伟大的集市”。

从 2011 年开始，淘宝开始大力拓展移动互联网市场，其移动客户端——“手机淘宝”，仅 2011 年就为其创造了 108 亿元的交易额！随着规模的不断扩大，用户数量的迅猛增加，淘宝早已不是当初那个单纯的 C2C 电商网站，而是演变成了集 C2C、团购、分销、拍卖等多种电商模式于一体的综合性电子商务交易平台，其触角也已经伸向了全世界。

“大淘宝”平台在电子商务时代的成功，就是因为迎合了数字革命的潮流。而真正要迎合数字革命，我们就不能只着眼于那些已经成熟的电子商务平台，而应该发现数字革命下新的盈利点——社交平台。

2014 年春节期间，两名“90 后”的创业经历引起了我们的注意。他们在 2013 年下半年时，开了一家小水果店，而与众不同的是，这家水果店并没有店铺，只有一个小仓库。

两人一个负责在微博上发布信息；一个通过微信收集订单，并负责水果的采购和送货工作。就是这样的商业模式，让这个小小的水果店，实现了月销售额 8 万元的成绩!

我们每天的生活都已经离不开微信和微博，这些社交平台已经抢占了我们的碎片化时间。每天在地铁上、电脑前、枕头边，我们要花费多少时间在这些社交平台上呢?而在数字革命下的电子商务时代，谁能够进入消费者的眼球，谁就能在消费者的“口口相传”中，迎来企业规模的迅速扩大。

如今，微博订蛋糕、微信买菜等消费模式已经不再新鲜，微博、微信等社交平台正在渗透电子商务领域，这种针对单个消费者的个性化销售，让众多个人和小企业在中间成本的大幅降低中，找到了自己的发展模式。而依靠平台使用费、技术服务年费、商户佣金、广告费等费用，这些横空出世的新平台也赚得盆满钵满。那么，电子商务企业为什么要选择这些平台呢?其关键就在于，平台经济能够实现双赢。

第一，平台经济是一个双边或多边的市场。一般而言，平台需要服务的有两个市场主体，一个是消费者，一个则是商家。通过平台的集群效应和双边市场效应，平台上的多个参与者，都有着自己明确的分工，平台负责吸引用户，商家负责将用户转化为消费者，消费者则可以在平台上“货比三家”后，找到自己最心仪的商品。作为平台运营商，微博、微信、淘宝等平台型企业，只需要负责聚集社会资源和合作伙伴，不断地聚集人气，扩大自身的用户规模，就可以使参与各方受益，从而实现双边或多边价值的最大化。

第二，平台经济具有增值性。从某方面来说，一个成熟的平台，即使不刻意地做什么，也能够“躺着赚钱”。比如，淘宝平台，其一方面为用户提供国内最大的电子商务平台，让用户可以方便地购买到高性价比的商品，来聚集流量；另一方面为卖家提供更加精准的广告推送或技术等增值服务，来收取费用。平台已经成为电子商务发展的战略核心，而要发展好自己的平台，用户黏性是关键，而真正带来用户黏性的又是那些提供物美价廉的商品的电商企业。

第三，平台经济具有网络外部性。作为一个双边或多边市场，在一个电商平台中，买卖双方中任何一方的数量增多，都会引起另一方数量的增长。在网络外部性的影响下，平台型企业的规模效益呈现出极强的递增现象，也就是强者越强、弱者越弱的市场机制。淘宝的卖家最多，消费者就会纷纷跑到淘宝去注册账户，寻找物美价廉的商品；微信的用户基数最大，商家就会推出自己的微信公众号，诱导微信用户成为消费者。

第四，平台经济具有开放性。平台型企业最大的特点就是开放性，任何电子商务平台想要成功，都需要对外开放，而平台的合作伙伴越多，其价值也就越大。微信、微博、淘宝等互联网企业都已经走在开放平台的道路上，企业想要发展自己的电子商务，与具有市场竞争力的平台型企业合作，是一条有效的途径。

近几年来，国内几大主流电商都启动了平台战略，微信、微博已经不再是单纯的社交平台，而成为电子商务平台的一分子。我们能够切身感受到的就是，现在，微博在卖东西，微信在卖东西，只要有人的平台上，都存在着电子商务机遇。

悄然变化的消费行为

我国的互联网在多年的发展中，其普及率已经迫近50%，随着光纤入户的大面积展开，我国的互联网带宽也正在急剧增长。而在这样的互联网进程中，电子商务、移动互联网等领域都有十分抢眼的表现。

如今，只需要一台电脑，或一部手机，连上互联网，我们就可以足不出户，而“网购天下”。送货上门、快捷支付，让消费者的消费有了前所未有的便利，我们的消费行为正在悄然变化之中。

9000多元的“外星人”笔记本、5000多元的iPhone、3000多元的平板电脑……拥有这些价格昂贵的电子产品，对于现在的年轻人来说，实在不是什么稀奇的事，但如果这所有的东西都是从网上购买的，那就着实有些令人惊讶了。

早在1999年，中国就有了自己的B2C电子商务网站，但那时候，宽带的普及还不广泛，昂贵而低效的互联网还没有进入“寻常百姓家”，而物流效率更是极差，更不要说一个健全的物流配送体系了，技术、市场的不匹配，使中国人的消费行为还没有因为数字革命而改变。

但仅仅十年之后，2010 年，中国的网络零售总额就超过了 5131 亿元，而到了 2013 年，这一数字更是飙升到 9.9 万亿元！如今，作为国内最大的电子商务平台，仅淘宝网的注册用户已经超过 6 亿，而在整个电子商务市场中，小到图书、服装、日用品，大到电器、家具，即使是旅游、基金、保险，都可以在网上买到。这种足不出户的消费方式，得到消费者的广泛喜爱。

说到中国电子商务的跨越式发展，就不得不说 2003 年的那场灾难——“非典”。正是因为“非典”的袭击，国人都尽量减少外出，更多地选择在网上购买那些生活必需品，而“快捷支付、送货上门”的消费体验，从此让大家欲罢不能。

当“非典”过去之后，电子商务并没有就此销声匿迹。相反，随着物流体系的完善，电子商务的便捷性让更多人趋之若鹜，淘宝、京东、当当等电子商务网站如雨后春笋般发展起来，“足不出户，网购天下”成为一种现实。

2008 年 9 月，震惊全国的三聚氰胺“毒奶粉”事件，也让中国的消费者进一步投入到电子商务的大潮中。在事件发生之前，中国的“妈妈们”大多都会选购国产奶粉，而当“毒奶粉”事件曝光后，中国的消费者开始将目光投向“洋奶粉”，国产奶粉的销量瞬间下降了 41%！然而，由于在实体店里很难购买到真正的“洋奶粉”，消费者们不得不选择网购的渠道。

据淘宝数据统计，自 2008 年 9 月至今，“洋奶粉”的销售额达到 163 亿元，消费者数量达到 196 万人，平均每个人在“洋奶粉”上花费

8342元。不仅是奶粉，其他的婴幼儿用品，消费者都选择在网上购买“洋货”，孩子的奶瓶是日本贝亲牌的，尿不湿是美国好奇牌的，连米糊、面条都是美国亨氏牌的。正是为了在网上方便地购买到这些让自己放心的婴幼儿产品，中国的很多妈妈都加入到网购大军中。

然而，经过多年的蓬勃发展，中国电子商务网站层出不穷，电子商务市场的价格战、质量战，也让很多妄图在电子商务领域分一杯羹的企业失望而归，电子商务市场也不再是“遍地黄金”的蓝海。

而在社交网络时代，社交则为电子商务带来了新的盈利点。图片分享、社交互动，让消费者在互联网时代能够享受到更多的社交乐趣。而对于电子商务企业来说，社交关系所带来的天然的信任感，却是拓展电子商务业务的一个契机。

然而，由于互联网的虚拟性，消费者在享受这种“宅消费”的便利的同时，也面临着极大的消费风险。随着电子商务网站的激增，产品质量、售后服务、支付安全，都让越来越多的消费者为此而揪心。而在团购市场，商品质量的大幅缩水，也让很多消费者为此感到受伤。在低价团购中，优惠券的地域限制，已经让很多人接受并理解。但为了保证自己的利润，很多商家在推出低价团购后，却相应地降低商品的质量，就让人感到受到了欺骗。尤其是有些商家为了吸引消费者，不惜抬高商品的原价，而使团购具有更强的诱惑性。这些团购陷阱，也让消费者看待电子商务日趋理性。

其实，消费者的理性对于进军电子商务领域的企业来说并非坏事。相反，电子商务的发展壮大，其根本还是在于理性消费者。正在蓬勃发展中的电子商务市场，为电子商务企业带来了庞大的网络消费者，但如果消费者无法回归理性，我们也只能被“牵着鼻子走”，最终走向电子商务市场竞争的败局。

尽管中国电子商务市场出现了种种问题，但电子商务的便利性仍然在悄然地改变着我们的消费行为，尤其是网上银行、移动支付等支付方式的革新，以及电子商务市场的自我改良，使消费理念正在转变，网上购物在我们的消费行为中占据着越发重要的地位。

正如知名专家所言：“新技术带来理念的革新，网络的四通八达改变了中国人的消费行为；而不断完善的消费理念，也将推动网络新一轮的变革，以顺应消费者的需求，为生活带来多元的色彩。”

电子商务的世界已经到来

随着互联网和信息技术的不断发展，电子商务的发展也日益本地化，信息与实物、线上与线下的联系也越发紧密。而在这种紧密的联系中，线上销售与线下体验也实现了和谐的统一，电子商务的世界已经到来！

如今，电子商务在中国已经发展得十分成熟，我们在享受电子商务的便利的同时，也有着自己的贪心——“那些商品自然可以通过快递送到自己手中，但那些需要体验的服务呢？”确实，无论是 B2C 还是 C2C，都可以通过物流给消费者带来需要的商品，但那些需要线下体验的服务却不是它们所能提供的。

正是基于这种消费需求，造就了“线上销售，线下体验”的电子商务新模式，很多人将其定义为 O2O（online to offline）。而作为 O2O 模式的一种形式，从 2009 年开始，中国的 B2T（团购）开始兴起。最早出现的团购网站，是 2008 年于美国成立的 Groupon（高朋）团购网。在成立不到两年的时间里，这家团购网站企业的市场估值已经达到惊人的13亿美元，被《纽约时报》称为“美国史上最疯狂的互联网公司”。

有了高朋网的成功案例，中国的电子商务网站也纷纷效仿，大批本土的团购网站陆续而起。在2009年之后的两年时间里，拉手网、糯米网、美团网等团购网站进入我们的视野。据统计，在那两年间，国内的团购网站超过5000家！而根据中国电子商务研究中心最新发布的《2013年度中国网络团购市场数据监测报告》显示，“截至2013年底，全国共诞生团购网站6246家，目前尚在运营中的有870家，团购网站关闭数量累计达5376家，倒闭率高达86%。”

但与之相对的是，有数据显示，2014年3月，“全国团购市场总成交额达48.3亿元，环比增长18.1%，同比增长106.4%，比去年12月的历史最高值多出4.7亿元。”其中，“餐饮类团购整体成交额达到29亿元，占据3月整体成交额的60.3%”。

如今，在我们的日常生活中，手机中总会装上一个或者几个团购网站的客户端，无论是吃饭、住宿，还是看电影、旅游，都会查看一下有没有相应的团购，为自己带来更加实惠的体验。

然而O2O并不仅仅是团购，O2O更多的是一种“线上销售”与“线下体验”相结合的电子商务模式。如今，O2O已经成为国内市场竞争的一个新的战略要点，无论是传统企业，还是互联网企业，都在努力开创适合自己的O2O发展模式。在很多大型传统企业看来，O2O就是全渠道营销的一个组成部分，如苏宁、国美等企业，它们通过自己的网上商城，以完善线上线下的统一销售、营销配合和客户体系建立等环节。而互联网企业则将 O2O 作为渠道下沉的一种模式，阿里巴巴、腾讯、百度等互联网企业，都在大力投资或收购传统企业或生活服务网站，从而吸引更多的线下客户。

在这样的电子商务大趋势下，英特华创造性地提出了俱乐部的概念。将消费者、商家都纳入这个俱乐部当中，就能够为商家拓展营销渠道，同时也能够为消费者带来更加廉价、便捷的消费体验。以图书销售起家的英特华，在各大电子商务平台上销售图书时，就将图书分为考试、母婴、养生等多个品类，并将每个品类都打造为一个俱乐部，将消费者以及与之相关的商家“圈”在一起。2013 年，在会计证考试前夕，英特华就举办了一个“保过培训”的活动，通过邀请知名讲师，仅在北京一个场次就有 280 人参加。英特华是怎么做到的呢？正是因为对于图书品类的划分，以及对俱乐部的打造，英特华能够精确地找到有培训需求的消费者——购买会计证考试类图书的消费者。这时，英特华只需要在销售该类图书时，给予消费者“参加培训、考试保过”的承诺，这些即将考试的考生自然愿意来参加培训，以免为考试所做的准备成为“泡沫”。

相比于团购这样简单的“线上销售、线下体验”模式，英特华对于这一模式的理解更为深入。英特华没有简单地将线下商家的店铺搬到线上来，而是立足于自己庞大的消费者基础，以及圈子里各行各业的商家资源，以大数据为前提，在线上精准地找到线下体验的消费需求，再将其转化为切实的商机，实现英特华与商家，以及消费者的共赢。

电子商务已经发展到一个新的阶段，在这一阶段下，无论是互联网企业，还是传统线下企业，都应该懂得电子商务模式，并将其融入自己的企业运营当中。在这样一个时代，企业“不做电子商务就是等死”，因此，企业家必须将线上与线下有机地结合在一起，从而在数字革命下，乘着互联网与信息技术的风帆，占据电子商务的“蓝海”。

第一章

互联网时代的商业新逻辑

OBSERVATION

OFE-COMMERCE

FROM CLOUD

每一种商业模式，都有其内在的逻辑。但是随着时代的发展、技术的进步，商业模式的内在逻辑也会随之发生变化。在互联网时代，一家企业如果不懂得“触电”，不懂得跨界，那它只能等着被淘汰。正像那句话所说，企业如果不跨界，互联网就会冲过来打劫。

如果你不跨界，电商就来打劫

试问中国市场最大的垄断行业是什么？银行！再问，中国市场垄断行业持续最久的是什么？银行！那么中国近年来收入最高的行业又是什么？还是银行！以 1984 年成立的中国工商银行为例，短短 20 多年的时间，工商银行便包揽了中国金融行业中的多个第一：客户群体第一，金融流水第一，国内金融储蓄第一等等，而且工商银行还是世界 500 强行列中最年轻、最有潜力的企业之一。

我们都承认中国工商银行强大，我们也必须承认这种强大大部分来源于这一行业的垄断性质。而近日，终于有人站了出来开始改变这种局面，开始开创一种全新的市场逻辑，这个人就是马云。马云的余额宝在短短两年的时间内，开创了一种全新的金融模式。余额宝采用边缘模式生存，依靠侧面打击发展，最终创造了一个互联网时代的商业奇迹。

最初打着信誉支付的旗号进入了金融市场的余额宝，占据了这一市场的边缘地带，这时的余额宝在各大银行眼中根本不值一提。余额宝推出的各种金融服务项目与银行的利率相比毫无竞争力。在各大银行放松警惕的情况下，余额宝获得了良好的发展空间。

其实，余额宝最初的发展目标并没有指向利益获取，而是为一种侧面打击储备着力量。余额宝推出的各种金融服务只是为了更全面地渗入银行市场。当银行还在认为阿里巴巴、支付宝与自己根本不是一个行业的时候。余额宝对整个银行业发出了致命的一击，彻底改变了整个行业的商业逻辑。

余额宝通过金融服务，提升了客户在支付宝中的储蓄额度，虽然金额提升限度并不高，平均每个支付宝用户储存余额仅为三四百元，但是通过余额宝对银行市场的渗透，以及支付宝自身用户的巨大数量，余额宝拥有改变了行业规则的能力。

事实上，余额宝并没有做出太大的创新，只是在原有的金融服务基础上增添了一种高于银行的日收益利率。然而就是这一点点的改变，使得已经渗透了整个银行行业市场的余额宝，短时间内转移了银行的大量客户，创造了一个互联网市场中的商业奇迹。

当今的市场，不再是“大鱼吃小鱼，强者屠弱者”的时代。如今，哪个行业利润丰厚，哪个行业发展迅速，哪个行业潜力巨大，哪个行业就会成为被打劫的对象。这就是当今互联网市场中最盛行的打劫模式，也是所有商家、企业谋求发展必须懂得、学习的商业模式。相信在当今互联网市场中打拼的人都可以感觉到这一点，时代变了，传统被颠覆了，要么及时改变自己跟随时代潮流，要么被潮流所淘汰。

这也是互联网时代商业的最大特点，跨界已经变得轻而易举。我们的竞争对手不再局限在行业当中，所有存在于互联网市场当中的企业、商家随时都有可能对我们进行打劫，随时都有可能颠覆我们的行业。

今日互联网市场中余额宝对银行金融市场的打劫并非个例。曾经传统市场中的种种神话故事，今日都已成为现实。文化传媒出身的当当网打劫零售行业，相机胶卷行业之王败于IT数码创业之手，这一件件“打劫案”的发生预示着一种商业局面的出现——电商已经对传统市场乃至整个商业带来了革命性的冲击。面对这种冲击，我们不选择电商，电商必将淘汰我们。

有一位做微型空气净化器的朋友想做电商，但是空气净化器是新兴行业，市场接受度还不高，需要很高的培养成本。我便建议他采取“打劫模式”来争夺市场。具体做法是：将原来微型空气净化器的名称改为“微口罩”，打劫电商中已经成熟的口罩市场。因为在数据调查中，我发现在淘宝、天猫等电商平台中，口罩的市场已经成熟，不需要培育成本，如果将微型空气净化器改名为微口罩，一下子就将口罩的用户打劫过来，而自己不用付出过多的用户培育成本。

所以，只要拥有互联网思维，善于使用打劫模式、颠覆模式等手段，市场就能很轻易地抢夺过来。那么，面对当今市场中频繁出现的打劫现象，我们的市场形势是什么样的呢？

第一，互联网时代到来后，电商是主流发展途径，也是必备发展途径。如果没有选择电商便等于还没有进入互联网市场。这一观点并非危言耸听，从2013年淘宝、天猫“双十一”350亿元的交易额中，从当前中国百强企业百分之百使用电商的比例中完全可以看出，“无电商，不经商”的市场发展形态。

第二，电商时代变革无处不在。进入互联网时代后，商业特色有了鲜明的转变，如今的商业已经从传统商业的中规中矩转变为快节奏、多变化的时代潮流。现代人眼中的商业绝对不再是经商赚钱如此简单，自从电商主导市场之后，商业的变化往往可以被称为时代的变化。今天的电商已经成为时代潮流的先驱。想要在电商中生存发展，就必须具备锐利的眼光，时刻跟随时代的潮流，不仅多变而且要善变。

第三，未来电商发展有主有次。自从英特华创立以来，我们一直致力于打造属于自己的电商之路，通过这些年的摸索，英特华本身对电商各种方式的运用已经驾轻就熟，无论是 B2B，B2C 还是 O2O。可以说多种电商模式在英特华中都已经在应用。

作为余额宝的最终受益者，阿里巴巴是坚持 B2B 模式最久的国内电商，多年来的发展让阿里公司对电商的分析已经细微到了极致，那么这么多年来阿里公司为电商带来的改变大多是源于哪种模式呢？当然是 B2B。而且，坚持 B2B 也是阿里公司目前发展的路线。这里，肯定会有人质疑，阿里公司最大的功臣应该是淘宝，但是淘宝属于 B2C 模式，那么阿里公司的主流模式应该是 B2C 才对。B 代表商家，C 代表个人，正是在阿里公司 B2B 的运作下，才衍生出了淘宝的经典 B2C 模式。

第四，电商时代来临后，市场中各大行业的边界开始模糊，虽然电商扩展了市场份额，但是竞争也随之加剧。我们要时刻保持警惕，在电商的学习与运用过程中阻止其他行业对我们的利益侵占，也要学会利用电商去打劫其他行业的财富市场。

时代在发展，世界在变化。当今的互联网市场正是在这种形势下发生着转变。看到眼前余额宝打劫银行市场的现实，感觉到电商发展的必然趋势，那如何才能玩转电商，在未来的市场中生存发展呢?

这已经成为摆在我们面前的严峻现实。

企业“触电”，刻不容缓

当今的互联网市场相较传统实体市场而言更加残酷，余额宝对银行市场的打劫只不过是冰山一角，在当前的市场形势下，像余额宝一样扮演“打劫者”角色的企业其实并不在少数，而且这些企业也并没有达到冷酷无情的地步。在当今移动互联网市场中还有另外一种强者的存在，那就是“劫杀者”。

这些“劫杀者”不仅打劫目标的市场，而且无声无息地摧毁对方的根本，很多企业就是这样默默无闻地退出了市场。让我们想一想，自己有多久没有发过短信了？我们再想一想，三五年以前我们使用短信的频率是多高呢？两者对比后相信很多人都可以感觉到，时代变了，短信好像不见了！

有些人认为现在电信三大运营商的资费模式变了，发短信的费用和打电话的费用没有太大差别，短信大多被电话替代了，不过赚钱的还是三大电信运营商。如果在 2014 年你还有这种想法，那么你 OUT 了，而且 OUT 很久了！当今的市场中还有多少人在将大量的金钱交给三大电信运营商呢？很少了。因为当今通信市场已经被微信、易信、来往等免费通讯软件包揽，中国三大电信运营商正在遭受着各种市场打击，难怪短信已经渐渐被人们遗忘了，因为它已经被淘汰了。

当今移动通信市场中，微信无疑是这些免费通信软件的代表者。对讲机式的免费通话系统，超越彩信的多媒体信息模式，以及融定位、交友、娱乐为一体的交流方式，短信被淘汰当然十分合理了……

我们的眼球常被新鲜的事物所吸引，这些新鲜事物带来的全新感觉将我们脑海中的很多事物渐渐淘汰。还记得被称为中国硅谷的中关村吗？当年 IT 界的淘金圣地目前在互联网市场中的地位如何呢？我们一起来看一看当年中关村的两只“领头羊”海龙和鼎好，就可以了解目前中关村的现状了。

在中关村发展鼎盛时期，海龙与鼎好是这座中国硅谷的两个代表。两家电子商城的销售半径已经覆盖到了长江沿岸，可谓中国电子零售行业的领军者。然而短短几年的时间过去后，当年被人称为中关村黄金商城的海龙与鼎好，此刻已是人去楼空的局面。

2013 年年底，海龙、鼎好两家商城陆续发出大量招租通知，两家商城分别以租金七折乃至半价的条件吸引各地电子零售商，然而至 2014 年年初为止，不仅新商家未能到来，老商户的流失率已逾 30%。

其实，我们可以简单地回想一下，中关村走向没落的时间恰恰正是京东、当当等电商崛起的时刻。可以说对于中关村而言这是一种悲哀的结局，因为正是中关村的飞速发展，促进了国内市场互联网化的发展，加速了电商时代的到来，才造成了今日的结局。

中关村的主要客户群是互联网用户，这一客户群体对互联网的了解远比其他群体更透彻。当电商运营模式在中国市场初来乍到之时，中关村的客户群体敏锐地嗅到了这一商业模式即将崛起的势头，很多人不仅放弃与中关村合作选择进入电商市场，而且直接摇身一变成为电商的先驱者。

因此，我们可以把中关村的落寞看作一种自掘坟墓的过程。然而中关村的这一结局并非因为它在发展过程中过于疏忽大意，未能及时预测危机的到来，而是这一结果是时代发展的必然趋势。既然我们已经得知电商时代的来临，模糊了各大行业的边界，就应该明白中关村的没落、短信的消失并非一种偶然，而是这些企业商家未能及时获取互联网商业思维的结果。电商击垮中关村可以被视为电商对房地产行业的一种冲击的开始。如果其他行业仍未从中觉醒，仍未意识到互联网商业思维的重要性，那么必将重蹈中关村、短信的覆辙。

电商时代的来临已然势不可当，企业“触电”已经刻不容缓，短信、中关村这些当年横行一时的强者被颠覆、被打劫，乃至被淘汰已经彻底证明了这一事实。如果说 2013 年是电商在中国彻底落地的一年，那么 2014 年必然是电商在国内市场腾飞的一年。面对汹涌而来的电商大潮，传统企业应该如何应对，是我们当前必须谨慎思考的重要问题。

面对电商冲击，传统企业何去何从

截止到 2013 年年底，国内市场中仍有一部分企业无法下定决心投入到电商发展当中。这种对电商发展的观望最终只会是一种损失。其实，并非我们没有看到电商的巨大优势，只是在当前传统市场利益驱使下我们不愿去冒险转型。

时代发展的脚步无法被阻碍，哪怕强如银行、中关村，在电商到来之时也显得很弱小。如果我们仍固守原有的商业模式，那么当电商波及自己的行业时，则再无回天之力。

我们可以看看目前市场中已经转型为电商的成功企业。海尔、杰克琼斯、骆驼，等等，这些企业利用电商为自己收获了巨大的利益。2013 年阿里巴巴“双十一”活动中，当日销售额过亿的企业中，这三家企业全部榜上有名。这是在传统市场中无法想象的成果。

截至北京时间 24 点整

2013 双 11 总支付宝成交金额单店总排名

No.1	小米	5.41 亿
No.2	海尔	1.75 亿
No.3	骆驼	1.59 亿
No.4	罗莱	1.55 亿
No.5	杰克琼斯	1.52 亿
No.6	优衣库	1.20 亿
No.7	富安娜	1.16 亿
No.8	茵曼	1.15 亿

图 1-1 2013 年“双十一”淘宝销售榜单

因此，我们必须承认，面对电商的冲击，与其被动遵从，不如主动出击。电商运营的巨大优势已经在市场中显露无遗，过于谨慎地等待，极有可能将我们带入被打劫、被颠覆、被淘汰的局面。

了解电商，进军电商

既然电商发展趋势已经势不可当，我们就应该用最好的态度来迎接电商的到来。在当今国内市场中流行着这样一句话："不做电商是等死，贸然转型电商是找死。"

话虽短小，语意却十分丰富。不进军电商只会被电商淘汰，贸然进军又会被市场驱逐，那么摆在我们面前的选择是什么呢？必然是先了解电商，再转型电商。

了解电商就等于分析电商相对传统商业模式的优势，从传统商业模式的角度来看，电商不仅不受时间、地域限制，而且具备交易速度快、商品送货上门、价格低廉等优势。清楚了这些优势也不等于了解了电商，只有明白了这些优势的来源，才具备进军电商的条件。

1. 由于电商不受地域限制，因此电商模式是一种快捷化贸易模式，从而具有良好的价格优势。

电商的价格优势我们非常清楚。但是有些人盲目地认为这些价格优势来源于电商无店铺租金，无人工费用。其实，电商的价格优势最大的来源是国际贸易形式。选择电商运营的企业往往可以利用互联网轻松建立自己的快捷化贸易系统（含国际贸易）。目前互联网上已经出现了许多电子平台专门为各大电商企业提供极速贸易服务。廉价的商品来源、到位的商品服务，以及飞快的交易速度，这才是电商企业具备价格优势的主要原因。

2. 电商具备更广阔的信息资源市场，从而在市场扩展速度上形成了独特的优势。

我们总会赞叹许多电商企业发展速度迅捷，很多年轻的企业在电商模式的帮助下，短短几年内就进入了行业的前沿位置。这些以往传统市场中很难见到的局面，如今在电商市场中却并不稀奇。

电商的这种发展优势来源于互联网上的丰富信息资源，这些资源为电商创造时机，把握时机带来的很大帮助。以目前国内通信行业明星小米公司为例，从 2010 年 4 月的小米工作室，到今日的小米科技，短短不到四年时间小米成为中国电子通信行业的明星。小米掌门人雷军曾说过，小米之所以成功，要归功于这个时代，小米的发展就是在互联网上查询信息，知道客户最需要什么，我们就发展什么，这就是成功的奥秘。

因此，电商企业的发展速度是传统企业无法比拟的，因为电商企业永远比传统企业更优先知道，哪里有新的市场，这片市场需要什么商品。

3. 电商具有传统商业模式无法超越的营销模式。

我们了解了电商具有丰富的互联网信息资源，也一定要清楚这些信息资源是可以互动、共享的。这些信息可以指引企业发展，更能帮助企业营销。而且电商营销成本低，速度快。

电商营销大部分是基于互联网通讯软件之上的信息交换，而且移动互联网时代到来后，电商营销已经不受时间与地域的限制，不仅成倍扩大了营销范围，而且丰富多彩的营销软件也提升了营销成果，这些都是传统企业营销无法做到的。

强化互联网思维，增加边缘模式创新

电商对传统市场带来的变革千变万化，我们能否在这些变化中总结出生存法则，能否从这些变化中获取发展，取决于我们的商业思维是否已经互联网化。

所谓互联网思维，正是基于互联网市场之上的商业思维，这一思维的转化、发展必须遵循着互联网时代的特色。具备线上的跳跃性发展速度，拥有线下的实体市场基础，两者缺一不可。也只有联通了线下与线上的共同发展，才能够在当今市场中保持敏锐的洞察力、准确的决策力，以及优秀的应变力。

边缘模式创新不只是电商时代的代表，更是互联网思维的产物。作为当代横空出世的全新商业平台，互联网市场中必然有其独特的运作模式，更人性化、更自由的市场状态使得以往传统市场中被忽略的竞争方式，成为当代引领潮流的商业模式创新。而我们恰恰需要抓住这样的机遇，抓住了市场变化后的边缘地带，如此便等于拥有了入驻全新市场的资格，在这种情况下结合自身的商业特点，选择恰当的方式，就可以如同余额宝打劫银行一般，缔造出全新的商业奇迹。

综上所述，电商的优势已经十分明显，这些优势造就的商业局面则是转型电商势在必行。通过对这些优势来源的分析，我们转型电商的思路也已经非常清晰，借助互联网的力量，将自己的企业构建出电商的基础，根据自己的行业特点选择最恰当的电商模式，这就是我们“触电”的最佳方式。

电商不仅是一个商业时代的代表，更是我们获取财富的武器。

短信的消失，中关村的没落对于我们而言并非不幸，随着市场的发展，诸多事物也一定会从我们的大脑中被淘汰。善用电商，活用电商才是当今商业发展的正道，也只有保持这种态度我们的大脑才不会被时代所淘汰，我们的企业才不会被市场所淘汰。

电商就是做强，电商就是做大

对于中国零售行业而言，几十年来的发展之路非常坎坷。从 20 世纪末小市场转向大市场的发展，再到向国际化品牌的转变，零售行业内部一直经历着种种变革。当年的杂货铺到今日的商业街，看似一片欣欣向荣的景色，其实当中已有无数企业葬送其中。

以往的零售行业流传着这样一句话："要做就做大。"这句话的意思并不是进入零售行业日后一定会发展强大，而是你必须以大资产、大气魄进入零售行业才能获得利润。很多商家、企业为了遵循这一观点选择了加盟、连锁的模式，而一些小型零售店铺则在这种状态下遭受来自各方面的冲击，为了博得一丝利益付出了巨大的代价。

这种市场状态一直延续了十几年，可谓中国零售市场中流传最久的"潜规则"。直至几年前，电商模式入驻中国零售市场，这一规则才彻底被打破。

电商改变了行业运营模式

中国零售行业运营模式的改变是由电商模式兴起开始的，也是由电商模式发展彻底颠覆的。今日，多种多样的电商模式已经覆盖了整个国内零售市场，也包揽了零售市场的大部分市场份额。我们可以说，自从电商到来之后，国内零售市场的小商家、小企业终于进入了“翻身农奴把歌唱”的时代。在传统商业模式时代，零售行业的“做大”规则持续了数十年之久是有原因的。小商家、小企业在零售市场所承受的风险比大型企业更大，因为零售行业最大的特点就是竞争。相同的商品，相同的货源，那么零售业在比拼什么？市场销售，商品服务，这些都是大型企业才能够完全具备的，小型商家只能依靠价格上的轻微调整维持生存。

所以说，在传统的零售行业内，一家大企业想要打垮一个小商家非常容易，随便一个侧面攻击，就可以将其击垮。相同的产品，相同的货源，大企业只需要调整一下价格，与小商家持平或者稍微低一些，那么小商家的获利渠道就完全被剥夺了。在这种形式之下广阔的中国零售市场就成为国外大企业眼中的金矿，大量外国强企纷纷涌入中国。就连前世界 500 强冠军沃尔玛和世界第五大零售企业伊藤洋华堂也在 1996 年同时进入中国零售市场。

然而到了今日，电商覆盖全国各大行业市场之后，原有的市场规则不复存在，小企业、小商家也成为可以随时打劫、冲击大企业的竞争对手，这就是电商赋予中国零售市场最大的改变。

电商模式为中国零售市场乃至各大行业创造了一种边缘模式。以往零售市场的小型企业、商家占据了中国互联网零售市场的边缘位置。当行业内的大型企业开始发展时，互联网零售市场的规模就会扩大，而这些小型企业、商家则会继续向市场的边缘靠拢，并且第一时间收获新兴市场的财富和利润。这就导致大型企业已经无法再对小型企业形成直接的攻击，而且是在帮助小型企业发展、成长。

在电商的这种帮助下，中国零售市场整体的运营模式已经被颠覆，今日大小企业和谐共进的局面在零售市场内已经打开，中国零售行业的发展速度在电商的促进下成倍提升。

电商全面覆盖市场

从中关村的没落到沃尔玛、伊藤洋华堂的离去，种种现象中呈现出一种趋势，电商已经全面覆盖了国内的整个市场。

有些人直到今日还认为电商与我们毫无关系，作为长期活跃在实体市场的餐饮业、日用品行业，我们的生存发展都离不开实体市场，只要实体市场依然存在，电商就无法对我们造成冲击，我们的发展依然可以持续。

恰恰就是因为这些错误观点，导致今日市场中大量的商家、企业被淘汰。让我们思考一下中关村没落的原因。虽然中关村客户作为电商的第一受益群体，导致这些人集体转型电商，是中关村没落的主要原因，但是中关村自身就没有过错吗？作为当年红极一时的房地产经营者的海龙、鼎好，如果它们及时转化互联网商业思维，是否可以提前预知危机，是否可以通过电商途径来扭转被动的局面呢？

电商不是某一行业的运营模式，而是当今互联网市场的一种整体特色。因此，无论哪一个行业，只要我们仍旧属于当今市场，就应该遵循电商的发展方向，电商对整个市场的覆盖已经非常完整，家具、地产、教育、餐饮……任何行业离开电商都将失去主要的市场竞争能力。

电商改变商家、企业的发展模式，提升行业发展速度

电商来临之后，市场发生的种种变化告诉我们电商不仅改变了行业的运营模式，覆盖了全部的市场，更颠覆了传统行业的发展模式，提升了市场整体的发展速度。

在传统市场中，市场变革，行业发展受行业关联的影响，很难出现较大的转变。以收购模式而言，传统市场虽然也会出现企业收购与被收购的情况，但这些情况往往只限于实力雄厚的大企业，而且收购成本过大，收购过程附带一定的风险性。正如吉利收购沃尔沃差点撑破肚皮一样，任何一次收购模式的出现，都可以成为整个行业，乃至整个市场的焦点。

然而，电商时代来临之后，轻资产企业如雨后春笋一般层出不穷：2011 年成立的小米，于 2014 年得到 90 亿美元的估值；携程网 1999 年成立，2003 年上市时市值达 3 亿美元；聚美优品 2010 年成立，2014 年 5 月在美国上市，当前市值 38.24 亿美元；糯米网 2010 年成立，2013 年获百度投资 1.6 亿美元，占股 59%，公司估值达 2.7 亿美元；金融超市 2011 年成立，2013 年 9 月获 6000 元万人民币基金投资，

2014年完成B轮投资，估值达10亿元人民币；大众点评网、唯品会……

随着互联网企业的不断扩大，市场中的收购模式也频繁出现。而且收购模式也发生了多样的变化，不再局限于大鱼吃小鱼的状态，而强强联合、互补互助、各取所需的互相收购屡见不鲜。例如，百度注资去哪儿网，收购糯米网，腾讯收购魔乐软件，购买美国视频游戏公司Epic部分股份，等等，这些互联网上的收购模式促进了各大行业发展，改变了市场的发展模式。

今日的国内市场，在互联网思维下已经不存在任何束缚，各大行业的发展速在打劫模式、颠覆模式、收购模式，乃至屠杀模式的推动下成倍提升。

电商开创全新的商业逻辑

任何一个行业必然存在其特有的商业逻辑，在传统市场中这些商业逻辑被认定为整个行业的发展轨迹。然而电商时代来临之后，原有的商业逻辑被彻底打破。例如，创造商业奇迹的打劫模式，淘汰落后思维的颠覆模式，以及促进行业发展的收购模式，这些模式在传统市场中都是无法被实现的。

可以说沃尔玛、伊藤洋华堂的离去正是因为它们未能舍去原有的行业逻辑，未能及时具备先进的互联网商业思维。两大企业在互联网时代到来之后未能意识到小企业与大企业已经处在相同的市场位置，原有的商业逻辑已经不能再作为主要的市场竞争力。品牌效应、商品服务在电商模式下已经无法在发挥较大作用，而小企业的快速转型，及时结合电商特色已经令其具有独特的优势，实体市场中这些强者的大量客户被电商打劫，发展也受到一定的阻碍，因此才导致了这些强者的离去。

其实电商创造的商业逻辑非常明显。单店模式的增加，电子金融流通的加大以及行业边缘模糊，市场竞争跨界。只要我们了解、清楚了这些商业逻辑，我们就可以在电商市场中占据一席之地。

移动互联网时代是智慧、信息共享的时代，在这一时代中必定会出现一位代表人物来展示这一时代的风采，商业发展的大潮一浪接一浪，我们除了看到拍死在沙滩上的传统商业模式，还看到了浪花正盛的电商。

新生代的商业机遇，电商创造的商业奇迹

2014 年年初，艾瑞咨询集团抢先报出了 2013 年中国移动互联网市场规模的数据。据艾瑞网统计，2013 年中国移动互联网市场交易额为 1058.8 亿元，相较去年同比增长 81.2%。如果说这一数字还不能为我们敲醒警钟的话，那么我们再来看下面一组数据。

截止到 2013 年年底，中国移动互联网市场规模增长率为 270%，每年近 3 倍的增长率虽然无法创造市场发展概率，但是这 3 倍的增长是建立在传统市场平均缩水率为 31.2% 的基础上的。

相信看到这一数字我们应该有所感触，虽然互联网市场的发展并不是为了击垮传统市场，但是在这发展的过程中传统市场必然要付出一定的代价。曾有人预言在不久的未来，当今所有的企业都会变身为网络企业，不管我们是否自愿，这已经成为在市场中生存的必要条件。虽然这一预言未完全实现，但是我们可以拭目以待。

讲到互联网市场与传统市场对战，除了余额宝对银行的打劫，中关村的没落，以及沃尔玛、伊藤洋华堂的离去之外，还有一种现象是我们必须

提到的，这就是新生代小型企业、商家在电商中获得的机遇。

很多小型企业、商家在谈到电商时代的大事件时往往只有感叹而缺乏感触，因为这些大事件中的强者离我们太过遥远，因此这些高端的电商理论似乎也与我们毫不相干。

就如前面提到的“微口罩”打劫口罩市场。其实作为微型空气净化器的商家，只要思维稍作改变，以互联网思维思考问题，一切困难都有了解决办法。强者太强，正好给了小商家打劫的机会，因为小商家已经不需要太多的成本就可以瓜分强者的市场。如果思维不能发生转变，还是采取先培育市场再销售产品的方式发展，小商家也只有关店的境遇了。

所以，在电商迅猛发展的时代里，相同的商业理论，相同的商业逻辑，在大企业手中可以创造惊人的奇迹，在小企业手中同样能有惊人的发展境况。熟练应用打劫模式、颠覆模式，无疑是互联网时代小电商的强大之路。

无疑，新生代的商业机遇是由电商来创造的，电商的特点和优越性决定了这一切。

1. 电商是一种适用于整个市场的商业模式。今日的国内市场当中，电商的身影已经无处不在。这种现象并非各大商家、企业在被迫接受电商的改变，而是电商市场中的所有参与者都从电商运营中收获了巨大的利益。大企业打破了传统行业的垄断，小企业获得了快速的市场发展，就连消费者都已经收获了低廉价格、突破时间和地域的限制，享受送货上门的各种福利。因此我们可以确定，电商已经是当今时代发展的主流商业模式。

图 1-2　电商的六大特点

2. 电子商务通过将传统商务电子化、数字化的转变，降低了制造市场投入成本，并且以电子流为交易流程的方式突破了时间与空间的限制，提高了销售效率，使得行业整体发展速度提升。

3. 电子商务不仅面向互联网市场，传统市场也在其包含范围之内，目前 O2O 电商模式的发展已经证明，电商已经开始掠夺传统市场的贸易机会。而且电子商务的发展正在日益完善，从客户体验到物流速度都在不断进步。正如空气净化器行业从线上到线下市场的转移，恰恰代表了电商的未来发展趋势。

4. 电子商务的风险性，干扰因素比传统市场低。由于移动互联网市场是采用互联网平台交易，从而规避了传统市场中很多烦琐的流程，而且受环境影响小，交易流程更稳定。正是因为电商的这种特性，众多小型企业、小型商家在发展阶段选择电商作为主要模式。电商的各种理论不具针对性，可以适用于互联网市场中的每一个层次，只要把握了电商的发展规律，就确保了自身发展的平稳、快捷。

5. 电子商务可以提供更丰富的信息资源，更快捷地满足消费者的需求，从而加快交易速度，加大市场金融流通。在移动互联网市场中进行信息搜索可以第一时间获得大量资源，消费者可以通过资源对比选择最喜欢的商品，从而节约了买卖双方的时间，加速了经济流通。

6. 电子商务趋向国际化市场，可以规范商家、企业的发展，并且加快行业发展速度。由于当今国际市场中电商已经成为主要趋势，因此从市场规范、行业发展等角度思考，选择电商更有助于我们发展。

电子商务发展到今天已经在互联网市场奠定了坚实的基础，对于我们而言，想要获取财富，面临的问题并不是选择哪个行业，进入哪片市场，而是选择哪种电商模式。“微口罩”带来的不是一个行业发展的标志，而是电商已经彻底征服当前市场的警示。

第二章

电子商务时代的资本新规则

OBSERVATION

OFE-COMMERCE

FROM CLOUD

京东做大，天猫做强，靠的是什？靠的是电子商务的优势技术和雄厚的资本。任何商业活动，没有强大的资本做支持，是无法维持运转的。而资本运转，也有其自身的规则和规律，运转得好，企业呈良性运转；运转得不好，企业就面临资金链的紧张和断裂局面。电子商务时代，资本运转同样有其新规则。

新商务时代诞生的资本运作

我们熟知的苏宁电器掌门人开过这样一个玩笑："这几天我比较忧郁，因为有一件事让我十分犹豫，我想在苏宁当前服务模式中增加一个小小的模块，这一模块的增加可以为苏宁提升客流量，然而这一模块的增加可能会导致服务行业中几万人失业。"

听到这样的话，大家都很惊讶。因为苏宁的发展虽然对市场经济有重要的影响，但是应该还到不了左右其他行业命运的地步。大家都将张近东的这句话看作玩笑，甚至觉得这位当今的商界强者表现得过于狂妄。

到了 2014 年，苏宁云商副总裁李斌对外公布："苏宁将面向包括武汉在内的34个城市，提供免费手机贴膜服务。不管你在哪里买的手机，苏宁都会帮你贴膜。你有膜苏宁帮你免费贴，如果你没膜苏宁就免费提供。免费贴膜将成为标准服务，在苏宁门店长期推行。"这一消息公布后，苏宁开放服务的 34 座城市中，以贴膜服务为生的几万人失业了。这时大家才回想起张近东曾提到的那次"犹豫"，原来商务时代的规则变化会引发如此大的影响。

我们都知道，当今时代是一个以商业模式为主体的经济时代，每一家企业在市场中都可以被称为市场的共同经济利益体，每一家独立企业中包含的资本模式、运营模式以及整体的商业模式才是决定企业能否在市场中生存发展的关键因素。从苏宁面向全国 34 座城市提供免费贴膜服务这件小事中，我再次想到，苏宁的资本模式，原来一直隐藏在苏宁商业活动的每一个过程当中。之前，我就对苏宁的资本运作模式有过研究，发现苏宁的资本运作模式才是电商真正应该借鉴的新模式，我形象地将这种模式称为“苏宁模式”。关于“苏宁模式”的详细内容，我会在后面详细谈到，此处暂不赘述。

作为所有企业的商业核心，资本运作在电子商务时代拥有了全新的商业规则。英特华在发展过程中，也一直在探索电商的资本规则，通过对其他企业及英特华自身的总结，我们将企业资本运作按照形成过程分为以下三大阶段：

第一，历史借鉴阶段。商业发展中充满了各种挑战，而战胜这些挑战需要我们从前辈的发展历程中吸取大量的经验，因此资本运作模式的第一阶段被称为历史借鉴阶段。

第二，现代标杆学习阶段。历史虽然可以被借鉴，但是不能被充分模仿与学习。因为时代在发展，全新的商业特色层出不穷，前辈们的资本运作模式很有可能会过时，如果我们想要形成符合时代特色的资本运作模式，就一定要找到现代商界中的标杆榜样，从而通过“抄、改、超”的模式创建自己的资本运作。

第三，未来战略制定阶段。苏宁之所以厉害，是因为他们找到了符合电子商务时代发展的规则，并且通过这种规则制定了未来发展的战略，从而大胆进行资本运作，让自己走得更远，变得更强。

我觉得这三大阶段是大多数企业在电商时代运用资本运作促进企业发展必须经历的过程，而如何在这三大阶段中做得更好，获得更大的发展优势，正是我们需要深入研究的问题。

第一阶段，历史借鉴阶段

2012 年在电商领域发生了一件大事，这就是苏宁与京东的资本角力。苏宁与京东的较量不仅仅拉开了电商市场与传统市场价格战的序幕，而且直接加剧了电商之间的竞争。

这一年，苏宁电器可谓在电商市场中经历了生死存亡的转变。由于京东采取了“大家电加价 150 元秒杀苏宁 25% 毛利”的策略，苏宁电器虽然在电商市场中占据了一席之地，但是市场发展并不景气，虽然市场销售已经全面打开，但是面对巨大的冲击，苏宁的情况已经开始面临危机。直至 2012 年 8 月中旬为止，苏宁股价已经暴跌了 7.11%，为此苏宁掌门人不得不采取以股权抵押进行融资的策略来确保苏宁的电商市场规模。

可以说张近东的这一决策表明了他以资本维持市场竞争的决定。当时苏宁先融资 50 亿元，随后再填 80 亿元，这种举措导致苏宁自身股权大幅度被稀释，然而张近东对此并不懊恼，因为这场资本角力开始帮助苏宁扭转当前的局势。随后苏宁将巨大融资的绝大部分用到了互联网市场扩建当中，线上服务的增加与互联网市场终端的兴建使得苏宁成为2012年就互联网发展规模而言最迅速的企业之一。这一状态使得苏宁的所有股东信心大增，2012年8月底，苏宁股价迅速翻红，销售市场大单频现，股市董事会也对外报出对股票进行持增，且持增金额合计不超过10亿元。

这场绝地反击战最终决定在苏宁在互联网市场中的价格战上，在不影响企业整体利益的情况下，苏宁依靠巨大资本投入建设的独特统一的线上线下市场，推出了不逊于京东等各大同行业竞争对手的家电最低价，而且凭借独特的市场优势，以及商品服务赢得了更多的市场份额。这场资本角力也证明了资本模式在电商市场中的重要性，那么我们从苏宁的这一历史故事中可以获得哪些借鉴因素呢？这些因素可以帮助我们获得哪些资本运作优势呢？

1. 要善于将资本花在合适的地方和合适的时机。正如苏宁在线上遭受京东等企业的巨大冲击时，没有选择放弃线上主打自己擅长的线下，而是进行资本角力，开拓了更大的电商市场。这正是电商时代企业应该明白的资本运作重点。

英特华在发展过程中同样采取了相同的资本运作策略，在英特华发展初期为了实现引流，扩大市场，采取了一定的“烧钱活动”。这样的行为，虽然短期让英特华资本紧张，但是也为英特华带来了巨大的发展动力。通过顾客引流，英特华的销量和排名实现了快速上升，从而摆脱了无流量、无销量的困境。

2. 传统企业根据自身实力确定电商转化节奏。从传统企业到电商企业的转化虽然是必然趋势，但是转化节奏却取决于企业自身的资本规模，只有具备雄厚资本基础的企业才能够进行强势转化，而缺乏雄厚资本的企业则需要控制转化速度，以便面对各种转化冲击。

第二阶段，现代标杆学习阶段

商业发展离不开学习、模仿与超越，这也是企业发展的不变规则。英特华今日的发展势态同样是从亚马逊、当当、京东等强者的借鉴与学习中获得的。只不过我们更清楚如何及时转换自己的学习榜样，如何从这些强者身上完成自己“抄、改、超”的发展。

我们寻求发展首先需要在行业中寻找那些当前行业的强者企业，然后以其为标杆进行模仿学习，模仿其商业模式，学习其运营优势，最后寻求超越。

遵循商业发展的这一规律，我们可以更快地发现当前行业的发展趋势，并且寻找到更多的机会。“用未来思考今天，用今天思考未来”的商业思维是我们找到新思路、新出路以及新方法的保障。

在传统市场当中大多数企业喜欢进行资本累计，然后蓄力再突破。然而在互联网市场当中，资本运作已经有了全新的商业规则。

2013 年 10 月，苏宁云商和弘毅投资宣布，以 4.2 亿美元的公司基准估值联合战略投资 PPTV 聚力公司，其中苏宁云商投资份额为 2.5 亿美元，换取 PPTV 公司 44% 的股份，成为该公司最大的股东。

这种投资正是苏宁以百度、阿里等公司为标杆进行资本运作。其实，早在百度注资“去哪儿网”，阿里巴巴入股新浪之前，苏宁就已经开始接触 PPTV 公司。只不过当时的苏宁对电商运营模式的规则还未能分析透彻，与 PPTV 的接触也只是为了拓宽自己的销售渠道。

然而当苏宁看到电商市场中已经没有了行业界限，甚至没有了具体的商业运营规则之后，它终于发现，独特的资本运营方式可以帮助企业获得巨大的利益。于是 2013 年年底，苏宁公司联合弘毅投资抓住机会，开始大幅度收购 PPTV 公司股份，并成功获得了 PPTV 的控制权。

苏宁此时看重的不再是单一的销售渠道扩宽发展，而是希望利用 PPTV 进行一次全新产业链的布局，致力打造一条只属于苏宁电器的“电视 + 云服务 + 软件商店 + 家电销售 + 电商运营”的全新产业链。也就是说通过收购 PPTV 苏宁可以将自己的苏宁易购、生活卖场、专卖旗舰店以及苏宁云服务进行一次数字化的整合，形成一种全新的资本市场。这种市场模式的转变为苏宁带来了独特的竞争力以及巨大的市场份额。

“抄、改、超”的发展策略其实并不困难，是一种在标杆偶像身上挖掘精髓，融入自身，最后发挥更大作用的过程。苏宁通过对其他行业强者的“抄、改、超”形成了自己独特的市场竞争力，英特华通过对当当、京东等行业强者的“抄、改、超”加速了自己的发展，这些都是企业形成自己资本运作模式需要经历的重要过程，把握住这一过程的每一个细节，就等于把握住了企业发展的主要节奏。

第三阶段：未来战略制定阶段

既然我们可以从当前行业强者的学习模仿过程中发现市场的发展趋势，那么我们能否遵循这种趋势抓住更多商业机遇呢？必然可以，但是这里我们需要明确一点，这就是趋势并不等于机会。正如当代的图书行业，电子书的发展是市场发展趋势，然而很多盲目按照这一方向发现的企业却遭受了失败，这正是因为这些企业未能分清楚趋势与机会。又比如阿里巴巴带领中国市场走进电商时代，这也是一种市场发展趋势，然而模仿阿里公司发展的诸多失败者，也恰恰是未能很好地把握趋势与机遇才走向没落的。

企业想要打造未来发展战略，就一定要清楚这一商业规则。在当前市场的发展趋势中紧抓机遇。而想要从市场发展趋势中发现机遇，我们就需要进行如下思考：

市场发展趋势中哪些优点可以借鉴？

自己的未来战略是否符合长期的发展趋势？

当前趋势下利益增长速度如何？

自身对当前行业的发展趋势是否具备了足够的认知？

自身资源能力能否应对当前市场竞争……

只有进行了以上思考，并满足了各种要求，我们遵循当前市场发展趋势制定的未来战略才能够确保企业的安全发展，才能够抓住更多的机遇。

2014 年苏宁公司正常运营第一天，掌门人张近东对员工进行了这样的训话：“即使成为先驱、先烈，我们也是最好的案例和范本。”这并不是豪情壮语，而是一种对苏宁现状的表达。苏宁遵循了电商发展方向，其对市场资本运作模式拥有充分的认知，否则也不会出现苏宁与京东进行资本角力的故事，而且苏宁在这种资本运作中学会了将产品进行新时代商业元素的转化，且进行了电商服务的结合，并从中获取了独特的竞争力，这也是苏宁获得成功的重要保障。

传统的企业对资本的巧妙运作并不熟稔，而在电商时代，资本的运作将成为每个电子商务企业必须巧妙利用的有效工具。

资本的背后——国美是如何做大的

如果说苏宁电器是家电零售行业的龙头企业的话，那么国美则可以被称为龙脊。苏宁的强大离不开对国美资本模式的学习，虽然苏宁后来者居上，但是国美在当今家电零售行业市场中无论是线上还是线下都是不可忽视，占据重要地位的。

2014 年 5 月，国美对外公布了其第一季度的财政报表，全渠道销售总额 113.51 亿元人民币，同比上升 8.2%，然而这样的销售业绩并没有让国美满足，国美高层领导对外宣称，国美全新的市场商业链已然形成，但是受激烈的市场竞争影响未能发挥最大实力，国美 2014 年的销售目标要比当前的成绩远大很多。

那么国美是如何做强做大的呢？

从 1987 年国美以一家电器零售小门店起家开始，就秉持了薄利多销的经营策略，这一策略也成为国美的立命之本，直至今日，国美开创的独特资本运作模式，同样是从这一经营策略中衍生而出的。薄利多销可谓人尽皆知的商业运营方式，然而坚持这一发展路线获得成功的企业却少之又少，这是为何呢？这恰恰是因为并非所有企业都可以如同国美一般，从这一策略中研发出符合自身特色，且独具市场开发能力的资本运作模式。

总体而言，国美发展壮大的过程我们可以分为低价位抢占市场、树立自身品牌、升级上线求超越三个阶段，这三个阶段并非按照国美的发展时期划分，而是按照国美资本运营策略转变升级界定的。正如英特华的发展历程一般，英特华最初以仅有的少量资本进入图书市场，在亏损运营的模式下包揽了大量客户。随后英特华开始致力于打造自己的品牌，并将品牌效应作为主要发展方向。在品牌效应树立之后，英特华的大幅度利益获取也随之到来。诸多高品质图书供应商为了提升自己的企业品质，主动选择用低价位的方式与英特华合作，其目的并非为了获利，而是为了企业层次升级。在这种利益高额获取的情况下，英特华又一次进行了自我升级，投入大量资金完善自己的物流、服务等发展机构，从而成就了今日英特华的市场地位。

第一阶段：低价位占领市场阶段

我们都知道国美腾飞绝非一日之功，国美可以一跃成为今日家电零售行业的前沿人物，与其最初制定的占领市场策略有着直接的关系。国美创始人黄光裕在创业初期敏锐地察觉到北京家电市场拥有着巨大的挖掘潜力，当时的市场局面呈现出一种强烈的供不应求局面。这时黄光裕没有像其他企业家一样，只着眼于当前的市场利益，盲目进入家电市场，而是制订一个长久的发展计划，这一计划的制订为国美的日后发展奠定了坚实的基础。

国美发展初期黄光裕决定采用薄利多销的经营策略，这一策略的采用并非为了获取更多的利益，而是为了包揽更多的客户，抢占更大的市场。在这段时期内，黄光裕将绝大部分市场销售所得的利益投入到广告宣传当中，我们都清楚在20世纪80、90年代，信息流通渠道并不发达，传统的横幅、标语广告措施覆盖面积非常小。在这种情况下，黄光裕采用加大资本投入也要开拓市场的发展策略，率先在《北京晚报》中缝上打出广告，而且广告内容并没有使用什么华丽的辞藻，只是将国美独特的价格优势呈现出来，这段时期内由于国美的广告宣传费用不断加大，从而使其在同行当中资本累计是排在倒数几位的。

但是正当同行对国美的经营策略报以嘲弄的态度时，黄光裕的发展策略开始展现出独特的优势。短短几个月内，国美的销售情况出现了突飞猛进的增长，货物销售一空，客户大量预订的局面频繁出现。在这种发展势态下，黄光裕感觉到时机已经成熟，国美开始大量扩张门店数量，最初的国美开始崭露头角。

第二阶段：树立自身品牌阶段

国美利用这种低价位、高资本的运营模式抢占了大面积市场后，利益获取已经超出同行业其他企业好几倍，这种情况下，国美电器总公司终于成立了。此时的国美已经确立了自己的市场基础，并且坚持着独特的资本运营策略，但是新挑战也摆在了国美面前。

越来越多的小型企业开始模仿国美的发展策略，可以说国美的资本营运策略彻底带动了当时市场广告行业的发展。如果国美再不进行突破，那么利益获取必将走上下坡路。在这种挑战面前，国美出台了自己发展历史中最具意义的发展思路——树立自身品牌，打造全新形象，创造全新供销模式。

1996 年年初，国美电器在王府井商城开业，超过 3000 平方米的国美大型厂商，高达百万元的广告投入，以及拓展到白色家电、小家电等各个领域的经营范围，使得国美直接成为家电零售行业当中的明星，在中国家电市场中树立了品牌形象。

同样是 1996 年，国内各大家电生产企业开始崛起，海尔、长虹等国产品牌渐渐成为国内市场的主打品牌，于是国美决定改变主体经营进口品牌的策略，转向经营国产、合资品牌家电，短短几天内国美大卖场的国产商品就占据了 90% 以上的份额。

国美的这一决策为建立自己的供销模式奠定了基础。当国美积累了足够的销售经验之后，便开始摆脱一切中间商，直接与制造商进行合作，开创自己的国美供销模式。这一国美供销模式的开创是史无前例的。通常情况下销售商为了减少自身经济压力，会采取代销模式与制造商合作，然而在这种模式中销售商往往是无法承诺销售量的，针对这种情况，国美与多家制造商进行了以销售量表达诚意的合作关系，从而获得了更低价格优惠政策。这种看似加大风险的发展方式，却为国美带来了更低的成本运作模式。这种特殊的供销模式形成之后，国美店内的多数家电价格比其他卖场普遍便宜了几十甚至几百元，再加上国美的品牌效应，一种属于国美的良性发展循环，一种独有的资本运作优势在国美电器中彻底形成了。

第三阶段：升级上线求超越阶段

当国美的独特资本运营模式为自己赢得了“买东西到国美”的口碑之后，国美认为一个超越自我的机会来临了。2000 年之后，国美在低价格的市场优势上开始大力打造自己的服务系统，力求做到全方位的市场强者。

于是国美开始开展送礼设奖促销活动，并承诺家电不分大小、不分地域，国美负责免费送货，这些服务项目的升级使得国美每年需要多投入 400 多万元的资本运作，然而 400 多万元的投入为国美换来了长达十年之久的家电零售龙头位置。

直至 2009 年，国美电器才被苏宁超越，屈居第二的位置。国美被超越并非因为自己的发展策略出现了问题，而是因为苏宁在国美独特的资本运营基础上“青出于蓝”，更快地结合了电商时代的特色，从而获得了更多的利润。实际上，国美也完成了对自己的超越，凭借自己独特的优势，在国美 2004 年上市成功后，2006 年又斥资 52.68 亿港币并购了永乐电器，并且在苏宁推出苏宁易购不久后便整合出了自己的国美在线，并遵循电商时代的发展特色继续主打低价格、高服务的发展战略，在互联网市场中获得了巨大成功。

国美的发展历程虽然时代比较遥远，但是这一发展历程中表现出的资本运营策略却丝毫不过时，甚至完美地切合了电商时代的市场特色。虽然国美与英特华分属于不同的两个行业，但是英特华却从中借鉴了许多优秀的发展思路。英特华在电商平台上获得的发展离不开从国美做大过程中获得的几点感悟。

第一，电商时代抢占市场是企业发展的重中之重。电商时代的商业特色其实并不复杂，我们完全可以从各大电商强者的发展过程中总结出，正如苏宁、国美等强者的资本运作模式一样。为了开拓市场，两家企业不惜加大资本投入，甚至在一定情况下进行亏损运作，而这些高资本运作换回的市场规模才是企业发展的重要保障。

第二，先谋发展再谋获利。虽然利益获取是企业发展的最终目的，但是企业发展、市场扩展才是获利的最佳途径，而单纯的获利思考只能限制企业的发展速度，从而被他人超越，被市场淘汰。

第三，电商时代自身品牌的重要性。品牌效应并非只在国美、苏宁等大型企业中才能发挥作用，任何一家企业的发展都应该树立自己的品牌，并形成独特的品牌优势。以当今电商市场中一些发展迅速的小型企业为例，这些企业虽然都是做大品牌起家，然而随着企业发展，最终全部转型为自身品牌主体经营。因为大品牌在这些小型企业的发展过程中，起到的最大作用正是开拓市场，而开拓市场之后的牟利手段则变为更接地气、更适应当前市场特色的自身品牌销售。

第四，电商运作必然优化服务系统。无论苏宁还是国美，在企业发展过程中服务系统的优化都未曾停止过，因为无论是独特的资本运作模式或者商业模式、商品服务都是不可获取的主要商业元素，而这一商业元素产生的市场效应对于企业而言是非常持久，且影响力也是非常巨大的，因此想要在当前时代中发展，就必须不断优化自己的服务系统，确保自身品牌形象不受影响。

在国美做大的背后我们看到了其独特的资本运营模式，可以说任何一家企业的发展、成功都不是偶然的，从这些前辈的历程中寻找促进自身企业发展的策略，正是我们学习提升的最佳途径与方式。

万能的家乐福

近年来沃尔玛的发展总表现出不尽如人意之处，这一国际零售行业的巨头在华发展的种种表现让我们感觉零售行业进入电商时代以来，一直未表现出其独到之处。电商对零售行业的冲击是否过于巨大。中国市场的零售行业又是否会进入寒冬期？国内又有多少家零售行业企业面临危机？

这些看起来必然需要思考的商业问题却被另外一家企业给出了意外的答案。这就是全球零售行业排名第二，欧洲零售行业排名第一的家乐福集团。家乐福近年来的发展形势彻底打消了国内零售行业中各大供应商企业的担忧。而且家乐福别具一格的经营模式，让我们看到了电商商务对零售行业不仅不会产生冲击，而且起到促进作用。

打开家乐福网上超市的界面，我们可以发现这样一种现象，家乐福提供的各种促销活动远远多于其他零售企业。无论我们搜索什么商品，都可以看到意想不到的惊喜。以端午节粽子为例，家乐福网上超市就为此推出了“粽横四海，畅游世界”活动——买粽子有机会赢得免费机票，畅游世界各地美丽景点。

相信看到家乐福推出的这些活动，我们一定会认为家乐福必然是获取了高额利润之后，才敢于投入如此大的促销成本，在售价几元钱的粽子上附带几千元的抽奖活动。

其实，家乐福的促销并没有投入大量的资本，而是通过这些促销方式赢得了巨大的利润。在当今电商时代来临之后，线上零售市场开始吞噬线下零售市场份额的情况下，家乐福不仅确保了自身发展未受到丝毫阻碍，而且借助互联网之势，加速了自己的发展，大部分要归功于家乐福这种巧妙的关联销售模式。

英特华也曾用过关联销售模式，那就是通过将一些库存量较大的图书与畅销图书进行绑定降价销售。这种简单的产品捆绑销售曾缓解了英特华一段时间内的库存压力。但是随着消费者对这种模式的了解加深，传统的关联模式已经无法适应时代的发展，畅销书受滞销书的绑定影响，销量也开始下降。

所以在我亲身感受到家乐福的关联模式的巧妙后，我就开始对家乐福的关联模式进行深度研究，并经过改造运用于英特华电商的发展过程当中。我们可以看看家乐福独特的资本运作秘密。

首先，家乐福的关联模式不是局限在停滞商品与畅销商品的捆绑销售阶段，而是按照客户需求进行重新规划。家乐福将一些相关的商品关联到一起销售，而不是在停滞商品上做文章。例如，方便面与泡面桶的关联，吸尘器与擦窗工具的关联，等等。这些商品的绑定关联直接提升了家乐福的利益获取比例。

其次，家乐福还对关联模式进行了升级，家乐福中各种关联商品不仅仅可以促进利益获取提升，而且可以确保利益获取的持续。例如，家乐福推出的厨具商品关联简易毛巾活动，这些简易的折叠毛巾不仅可以用来擦拭皮肤，而且可以用来当抹布擦拭家具，由于其形状小巧，且多件批量包装的特性十分适合居家旅行。但是家乐福超市内这些商品上架初期属于非卖品，只有购买家乐福指定的厨具后才能作为赠品获得。而且这些指定厨具同样属于畅销商品，从而使得这些商品的销售量再次翻倍。这正是家乐福对关联模式的一次升级改造。

最后，家乐福还将关联模式转移到线上销售，利用互联网市场中的丰富资源，再次将自身产品多元化关联。正如我们刚刚提到的粽子关联机票，这种饮食产品与旅游产品的结合已经成为电商时代的一种特色，跨行跨界的关联模式成为家乐福在电商时代获利发展的重要保障。

通过对家乐福关联模式的这些分析与学习，英特华开始以读者群体为主要思考对象，将关联模式重新分类，从而加大了产品销售量。并且英特华还结合了电商市场中的丰富资源，将图书与“微口罩”相互结合，实现了一种双向合作的共赢模式。总体而言，英特华在家乐福关联模式中得到以下几点启发：

第一，关联模式要从消费者的需求角度出发。企业想要确保销售渠道畅通，就必须思考消费者需要什么？而不是思考我们正在销售什么？正如家乐福超市将方便面与泡面桶关联销售的活动一般，无论我们销售的方便面是否是畅销品牌，与泡面桶关联销售之后必然可以提升销售效果，因为购买方便面的顾客大部分需要泡面桶。而如果我们将滞销的方便面作为赠品关联到畅销的泡面桶上则会起到相反的效果，甚至会有消费者认为只有劣质、滞销的泡面桶才绑定赠品销售。

第二，关联模式要清楚获利的角度。以往的关联模式是以销售滞销产品获得利益，而现代的关联模式则是通过增加销售量，拓宽销售渠道为主要获利方法。我们要清楚，滞销产品的销售虽然可以挽回我们的损失，但是与拓宽销售渠道、加快发展速度相比，前者必然没有后者重要。

第三，关联模式要学会共赢。尤其是在当前互联网时代中，关联模式已经打破的行业局限，看似毫无关系的产品同样可以进行关联，正如粽子关联机票，很多人会认为家乐福的促销活动得不偿失，因为一张机票的价格是一个粽子的几百倍。而家乐福则不这样认为。机票可以通过合作洽谈获得，而并非只有投入资本才可以获得。因为活动所奖励的机票往往只有一张，而任何抽到这张机票的消费者都极有可能带领亲人或朋友一同旅行，因此抽到机票的消费者很有可能到相应的旅行社再次购买其他机票，这种双方同时拓宽消费渠道的模式正是一种双赢模式。即便机票需要家乐福付出一定的资金投入，家乐福的抽奖活动也可以进行批量绑定销售，只有一次性购买一定数量的粽子才能够具备抽奖资格，而这种模式也会成倍增加粽子的销售量，从而成倍增加家乐福的收益，这同样是一种双赢模式。

从此我们看到了关联模式背后的资本运作秘密。只要能够实现共赢，企业可以根本不用额外的资本投入，只要达成合作，借着别人的资本，就能够实现自身销量的增加。

玩好现金流，理清投资与回报

很多人说电商时代是一个轻松的商业时代，企业向轻资产转化，市场在线上拓宽，就连销售渠道都有专业的平台为企业量身打造，我们所需要做的只是将商品放上商业平台，等待交易到来与完成即可。

然而，如果我们对电商时代报以如此轻松的态度的话，那么我们带领企业发展的最终结果只有一个，那便是灭亡。

电商虽然为我们带来了诸多发展便利，但是任何一家企业在发展过程中，尤其在发展初期都将面临巨大的资金压力。因为即便在电商平台上我们也要受到采购成本、储备物流及市场扩宽等多方面资金投入的影响。虽然这些资金投入最终都转化为实际利益，但是在利益转化的过程中存在着一个重要的问题，这就是电商平台对资金进行一定时间的售后服务抵押，从而导致利益转化非常缓慢，企业发展需要面临重大的资金运转问题。

例如，英特华在淘宝线上平台有很多店铺，但是淘宝的资金流动规则是：当我们的产品销售完成后，只有客户点击确认收货，淘宝平台才会将资金转移到我们手中，如果未及时点击确认收货，淘宝则会在 15 天以后将资金打给我们。但是目前存在很大一部分客户认为只要收到商品，那么交易便完成了，点击确认收货完全是多余的，反正系统最终都会把钱打到商家手中。这种客户观念导致英特华在线上运营过程中，资金压力巨大。正常情况下英特华每月交易额在 4000 万元左右，而其中 50% 的资金是无法及时回笼的。另外，英特华每月 4000 万元的交易额背后还存在不少于 1 亿元的库存支撑，面对这种资金流动状态，可想而知英特华的资金压力是多么巨大。

可以说很多企业在电商时代发展初期都是亏损经营的，而且肩负着巨大的资金压力。首先，企业开阔电商市场需要进行大量资金投入，需要我们不断烧钱，而市场开拓之后的利益转化速度又受到平台的制约，导致我们资金回笼不及时，企业面临巨大压力。针对这种情况英特华是如何扭转这种局面，缓解内部资金压力的呢？我不得不提到前面说过的“苏宁模式”。所谓的“苏宁模式”是英特华对苏宁现金流运转模式的称呼，是英特华创造出的一个概念。为了更形象地概括苏宁的资本模式，我又将其称为“内金融模式”。

作为线上线下一体的电商企业，苏宁同样面临着巨大的资金运转压力，虽然苏宁拥有自己的平台与卖场，但是就电商市场的交易速度而言，如果苏宁采用传统市场的商品交易模式，根本无法在电商市场生存。那么苏宁是如何扭转这种局面的呢？苏宁依靠独特的现金流资本运作方式，确保了自己在电商发展过程中的安全稳定，同时也缓解了企业内部面临的各种经济压力。

如何做呢？首先，苏宁依靠自身的品牌实力与产品的制造商、供应商达成了协议，他们批发给苏宁的产品要有六个月的账期，即苏宁在拿到产品后的六个月才将产品的批发款项回给供应商。这意味着，苏宁凭空获得了六个月的账期。这种合作模式为苏宁降低了绝大部分来自供货渠道的资金压力。而苏宁的领导者又给财务部门下达了命令：一定要将每一笔销售款用到极致。

那么，苏宁的财务部门怎么做呢？例如，一件进购价格为 3800 元的家电，苏宁为了吸引流量，在拿到货后为了立马将商品卖出去，就将商品的售价定为 3600 元，直接亏损 200 元销售。客户自然动心，这么便宜的东西为什么不买呢？

苏宁自然很快就将“赊销”来的商品卖出去了。商品卖出去，这笔钱还有六个月的账期呢。怎么办？苏宁的领导者要求其财务部门，要在这六个月中每个月至少将这 3600 元使用 6 次，六个月共使用 36 次。这样，这笔钱就达到了最大程度的利用，并在利用过程中产生了一定的利润。相比亏本销售时亏损的 200 元，苏宁内部资金流动实现的资本增值远远高于这 200 元的亏损额。

虽然我们无法在短时间内形成如同苏宁一般的现金流运作模式，但是可以通过苏宁对模式的分析，理清电商时代投资与回报过程中需要面临的各种商业问题，以及具体解决策略。

在中国电商市场中企业电商发展导致资金流断裂的状况频频发生。虽然大多数企业采取了赊销的模式，支付给供货商 10%~20% 的资金便提取货物，等到商品销售完成后再付清余款，但是随着前期市场投入的加大，资金回笼的缓慢，资金压力反而和销售量成正比。很多电商在发展初期加大市场投入后却不敢加大销售量，正是因为资金压力所限制的结果。面对这种状况，我们就应该学习苏宁的“内金融模式”，玩好现金流，玩好电商。

企业首先要懂得将赊销、经销转为账期。很多企业明白账期产生的原因，但是却不懂得将账期转化为盈利期。通过利用账期来缓解资金压力，实现盈利的模式，企业不仅可以缓解电商平台带来的资金运转压力，而且可以帮助企业获得更持久的资金运作能力。

企业将资金回笼再利用可以增强企业的竞争力。以电商必须进行库存储备与物流服务为例，因为这些商业活动是企业需要长期稳定进行的，且这些活动直接关系到企业的生存与发展，因此企业更需要一个持续稳定的资金流来确保各项活动的稳定进行。

苏宁独特的内金融模式目前已经不再是个例，大多数线上企业都开始采用这种现金流资本运作的方式确保电商的发展。对于企业而言，投资与回报是一个必然的商业过程，然而如何掌控这一过程的发展节奏，如何确保企业的电商发展更平稳，还需要我们在企业的发展历程中不断摸索、感悟。

第三章

数字时代的营销新思维

OBSERVATION

OFE-COMMERCE

FROM CLOUD

相比过去的营销，数字时代的营销变得更加多样化和丰富。自媒体的兴起，也给营销增加了诸多的机会和挑战。我们熟知的小米手机，利用粉丝经济和饥饿营销，在中国大陆的销量已经超过了苹果手机的销量。可见，电商时代，要想更好地参与竞争，就必须具备新的营销思维。

传统媒体的广告已成过去时

在数字革命时代，营销要怎么做？在互联网媒体大行其道的今天，传统媒体还有没有营销价值？虽然很多传统媒体不愿意承认，但事实是，传统媒体的广告时代已经成为过去时。

联想的广告投放量，在国内是数一数二的，联想也被业内誉为“媒体金主”。也正是这样一位“金主”，其2012年的预算中，只给了传统媒体广告1亿元；而到了2013年，这一数字更是锐减到4000万元；虽然其2014年的预算还未透露，但我们可以相信，联想不会在数字时代的营销新思维上走回头路。2014年被认为是传统媒体广告模式的“末路之年”，而一直钟情传统媒体的海尔集团也在今年停止了向平面媒体投放广告的营销行为。

媒体作为一条产业链，其一直采取的都是“B2B2C”模式，而其中的第一个“B”就是作为资金供给方的上游企业，也就是这些投放广告的企业。对于站在产业链最上层的广告投放者——海尔来说，传统媒体已经无法为集团带来与投入相对应的回报。正如张瑞敏所言：“现在是移动互联网时代，和PC互联网不一样。消费者不是‘去购物’，而是‘在购物’。所谓‘去购物’，就是我到商场去了；但现在是我‘在购物’，我在车上可以购物，在家里也可以购物，吃饭可以购物，随时都可以购物。”在这种时代背景下，海尔就不可能再在与互联网脱离严重的传统媒体上，做出太大的投入。

在数字革命下的互联网时代，传统媒体的广告已经成为过去时，而互联网究竟凭借什么颠覆传统媒体行业的呢？

第一，互联网媒体的多样性。相比于传统媒体单调的图片、文字阅读体验，互联网能够给消费者更为多样性的阅读体验，除了文字和图片之外，互联网媒体还能够赋予消费者音频、视频等阅读形式的体验。

海尔抛弃了传统媒体广告模式，正是看中了互联网媒体的多样性，在数字时代的营销中，视频已经成为营销的必备载体。当大多数企业都在静心策划自己的营销视频时，只能承载文字和图片内容的传统媒体的没落也是意料之中。

第二，移动互联网的便携性。随着移动互联网时代的到来，移动智能终端越来越普及，互联网媒体即时传播的特性也被发挥到极点。试想一下，我们是愿意拿着一份大大的报纸或一本厚厚的杂志阅读，还是愿意拿着一部手机，就随时随地接受各种各样的媒体信息呢？

智能手机变得越来越便宜，3G、4G网络相继出现，移动互联网就让生活变得更加便利。就像张瑞敏说的那样，现在的消费者再也不是“去购物”，而是“在购物”，可能在地铁上，可能在凌晨3点，凭借一部手机，消费者就完成了一次购物。而无论是传统媒体，还是其他传统企业，都很难满足这一点。

第三，廉价的新媒体。互联网让消费者接受媒体信息变得更加便宜，互联网是双向的，在数字时代，每个人都可以成为一名记者，或一条新闻的传播者。消费者打开微博或者微信，就可以接收到铺天盖地的信息。

这对于传统媒体几乎是不可能的，印刷、出版等固定成本，让传统媒体不可能给予消费者免费的体验。地铁站发放的报纸可以实现免费，循环利用的报纸也可以让报业公司的成本极大地下降，但大篇幅的广告信息也让消费者望而却步。如果可以用手机获取更多免费、无广告的信息，谁还愿意在报纸中翻找自己想要的信息呢？

第四，互联网的个性化体验。在数字时代下，消费者越发注重个性化体验。如今，几乎每个人都有自己的微信或微博，消费者可以选择自己想要关注的各个企业的公众号。而一旦其无法给消费者带来想要的信息，消费者就会果断放弃关注。

互联网给消费者带来的这种个性化体验，让很多传统企业感到营销越发艰难。但换一种角度来看，如果企业能够通过互联网满足消费者的个性化需求，就能将消费者绑在自己的“战车”上，并让其主动为自己做推广。

随着互联网和信息技术的不断发展，中国的互联网用户已经突破了六亿，中国的互联网生态已经形成。如今，人们已经不只是在互联网中工作、娱乐，更是在互联网中生活。数字时代已经让传统媒体成为过去时，即使很多传统媒体已经开启了自己的互联网转型之路，也只是加速自身的衰亡。

在数字时代下，英特华从未将传统媒体广告作为自己的主要营销手段，正是因为高额的投入却无法带来良好的营销效果。相反，在互联网上，不需要多少钱，也不需要多少人，就能够引来不少的流量，而这种流量也能够轻易转化为销量，为英特华带来超高的营销回报。

《2013 全球传媒发展报告》指出："互联网已成为最重要的新闻获取平台之一，受众的媒介消费行为呈现出移动化、数字化和网络化趋势。"因此，企业想要制胜于数字时代，就必须抛弃以传统媒体广告为主的营销模式，将互联网融入自己的营销新思维中。

粉丝经济——粉丝的力量

从改革开放之后，中国就出现了大批的粉丝，有的“粉”邓丽君，有的“粉”功夫片，这些粉丝展现出了前所未有的激情和活力，但当时并没有出现“粉丝经济”，粉丝的力量还没有被赋予太多的商业色彩。

但从互联网普及开来之后，粉丝就变得十分“可贵”。说他们“可贵”，是因为他们真的可以为企业带来经济效益。“粉丝经济”一开始还只是局限于娱乐行业，《超级女声》《我型我 SHOW》等娱乐选秀节目在赚取了大量眼球的同时，也赚取了大笔的钞票。

对于“粉丝经济”，《粉丝力量大》的作者张蕾是这样定义的：“粉丝经济以情绪资本为核心，以粉丝社区为营销手段增值情绪资本。粉丝经济以消费者为主角，由消费者主导营销手段，从消费者的情感出发，企业借力使力，达到为品牌与偶像增值情绪资本的目的。”

我一开始做饭店，就是看到饭店能把价值 1 块钱的蔬菜卖到 28 元中间的“暴利”，这一做就从 2004 年做到了 2010 年，直到我又看到了互联网的大趋势。当时的我觉得互联网与餐饮是完全“不搭界”的两个行当，我就回了老本行——图书行业。这就是思维的局限性，为什么这么说呢？

我有个朋友，大家都叫他“雕爷”，他是怎么在餐饮行业玩互联网的呢？首先他在北京开了个 200 多平方米的饭店，店铺装刚搞完还没开业，他就请了一批明星过来吃饭点评。明星追求的是什么呢？曝光！所以他们喜欢玩微博、微信。他们去到雕爷的店里就发现，这店里一共就 12 道菜，但茶有很多，普洱、铁观音什么的应有尽有，12 道菜在各种茶的衬托下特别漂亮，他们就拍照发微博、微信。

那明星后面有什么呢？粉丝！粉丝一看到这些照片，就都跑到店门口吵着让雕爷开业，可雕爷就是不开业，硬是等了半年多。这半年多他在干吗呢？找资本。有个投资者当时花 6000 万买了他 15% 的股份，这是什么概念？一个饭店还没开业，估值就达到了 4 个亿！又过三个多月就达到了十多个亿！

这就是粉丝的力量，而我，则因为当时给自己设了限，只能在图书行业玩互联网。雷军曾经说过一句话：“站对风口，猪都能飞上天。”而雷军眼中的“风口”，正是“粉丝经济”所蕴含的粉丝的力量。

粉丝之间口口相传的口碑，是“粉丝经济”的成功要诀。也正是利用“粉丝经济”，中国手机行业才出现了“三年从 0 到 2000 万”的销售神话。雷军于 2010 年 4 月创立的小米公司，可以说是中国 IT 界的新生儿。经过一年多的铺垫，小米于 2011 年 8 月发布了自己的第一款手机，而到了 2013 年，其销售量就逼近 2000 万部，年销售额达到 280 亿元人民币，公司估值也超过了百亿元。

IT行业出现一匹“黑马”，其实并不是很难接受的事。但小米的成功，却是立足于“零投入”的营销模式，这就让很多企业大为困惑，为什么自己花费了那么多的营销费用，却做不到小米这样的业绩？难道真的是自己的产品差？

小米公司对于自己的战略目标有两个指标：一是手机产品的销售额，超过联想、华为等大公司，成为国产手机销售额第一；二是客户端活跃度高于其他国产手机，与三星并排在排行榜上。虽然结果尚未可知，但小米之所以能有这样的自信，正是基于其粉丝的力量，依靠论坛、微博、微信等互联网营销方式，小米在短短的三年时间里，就成为国内的“知名品牌”，更是引起大批消费者的“排队疯抢”。

那小米究竟如何利用粉丝的力量，吃到这顿“免费的饕餮盛宴”的呢？它给电商时代的电商企业又有什么样的启示呢？

我们发现，拿到小米手机的第一眼，就会看到其保护膜上的“为发烧而生”，这也是小米的品牌宣言。其实，小米手机就是一群“发烧友”一起研究出来的产品。正是这样一群把自己爱好的事情做到极致的人，创造了国内手机市场的业绩神话。

小米公司的创始人雷军，就是一个“手机控”。在他办公室的保险柜里，存放着超过60部手机，正是因为用了这么多款手机，却总有着这样那样的不满意，雷军才会产生做一款真正好用的手机的想法。而在小米的团队里，这样的“发烧友”数不胜数：黎万强是摄影器材和音响设备的“发烧友”；另一位创始人洪峰热衷于机器人，他甚至自制了一个机器人，在自己出差的时候，让它代替自己参加会议；MIUI系统工程师孙鹏是个“刷机狂”，各种手机到了他的手里，他都要把它刷成MIUI系统；市场专员唐杨林也是个技术狂，他最喜欢的就是用小米手机做遥控器，遥控汽车、飞机之类的玩具，小米手机的官方样片也是他的工作，而他的工作方式就是：一边旅游、一边拍照，用这些小米手机拍出的照片作为宣传。

雷军自认为是小米公司的首席产品经理，他对小米手机的理解，也从一开始的“为发烧而生”演变为“让用户尖叫”，在雷军看来，“口碑的真谛是超预期，只有超预期的东西大家才会形成口碑”，而小米手机的“超预期”就是“高配置、低价格”的高性价比。小米手机已经发展到了第三代，而每一代手机都采用了当时主流甚至是顶尖的配置，而定价却一直在1999元这样一个中档价位——这就是小米手机的“口碑”。

那么，有了口碑是不是就万事大吉了呢？绝对不是。电商商家一定要明白，有了口碑，这才是第一步。商品面对的是消费者，有了口碑，如果没有忠实的消费者“粉丝”，那口碑就失去了价值。

小米手机成功的关键并不在于高性价比的产品，而是其独创的“米粉文化”。如果仔细研究小米手机的用户，就会发现，他们并不是在“用手机”，而是在“玩手机”。小米举办的“爆米花奖”“同城会”“米粉节”等一系列活动，让用户喜爱自己，让用户成为自己的“粉丝”。

小米公司的创业并不是以小米手机为起步的，在成立之后的一年多时间里，小米的主营产品一直是MIUI操作系统。当时，负责MIUI业务的就是黎万强，而雷军的要求就是“不花钱把MIUI做到100万。”

怎么做？黎万强选择了免费的营销渠道——互联网。黎万强带着自己的团队辗转于各大手机论坛，用“灌水”、发广告的形式寻找智能手机的资深用户。黎万强从初选的 1000 个资深用户中，挑选了 100 个人作为超级用户，让他们全程参与到 MIUI 系统的设计、研发、体验中。也正是这 100 个人，成为“米粉”的源头，当小米手机论坛建立起来之后，“米粉”也有了自己的“大本营”。

小米公司的员工奖惩，直接与用户体验与反馈挂钩，在小米公司内部，员工考核或考勤等工作其实都是由用户来完成的。让“米粉”参与到产品的调研、开发、体验中，“米粉”也就成了小米的传播者、营销者，当“米粉”们炫耀小米给自己带来的荣誉和成就时，小米的产品也被他们顺势推广出去，“米粉”也被牢牢地黏在了小米论坛之中。

立足于小米论坛，小米也将营销活动延伸到了线下，以“同城会”将同城的“米粉”聚集在一起，让他们来聊聊手机、聊聊系统，让“米粉”们在“玩手机”中，凝聚在一起。一年一度的“米粉节”更是小米公司与用户一起狂欢的节日，在这一天，小米会发布新的产品、促销活动，热情的“米粉”也会将“米粉节”的影响力传播出去。重复购买 2 ~ 4 台手机的米粉用户占 42%，为什么？正因为小米用户并不只是手机用户，而是小米公司的“发烧友”。

所以说，数字时代的营销，让用户参与进来才是真正的王道。创造出一种文化，让用户自己参与其中，并成为忠实的用户。这批用户就会变为免费的宣传载体。所以我们就可以知道，小米究竟是如何吃下这块“免费的大蛋糕”的，除了高性价比产品营造的口碑，和“米粉”的力量之外，就是社会化营销的新思维。营销渠道有很多，而要“不花钱做到 100 万”，乃至做到 280 亿，就只能依靠“免费”的互联网渠道。

互联网营销渠道其实也有很多种，经过多年的实践，小米采取了多渠道结合分工的社会化营销模式。也就是“微博拉新、论坛沉淀、微信客服”的模式：将微博作为营销的主场，以事件营销的手段吸引新用户；将用户吸引到小米论坛中，用论坛上丰富的信息、程序资源，将用户沉淀为粉丝；将微信公众号作为自己的客服平台，为用户提供服务。除此之外，小米也与“QQ 空间”合作，作为产品的营销渠道之一，但传统的营销渠道几乎被完全放弃了。

社会化营销的核心就是以互动黏住用户，小米就是用一个个话题、一场场活动，不断地引起用户的注意，让用户参与进来，成为小米的忠实粉丝。

小米的成功给我们带来了数字时代的营销新思路，目前，很多人还无法理解小米的营销模式，认为电视、平媒、路牌等营销载体还是必要的。但这些营销渠道成本高，效果也有限，所以无须在这些媒体上进行过高的投入。

小米就是这样颠覆了手机行业，用“零成本”的营销，支撑起了“三年从 0 到 2000 万”的销售神话。数字时代就是能给人创造这样的惊喜，只要摸透互联网，掌握了互联网七字诀——“专注、极致、口碑、快”，就能够颠覆传统营销模式。

记忆中的卡巴斯基

自从互联网铺入“寻常百姓家”，我们在享受到数字时代的便利与乐趣的同时，就一直面临着极大的安全风险。黑客、木马、病毒、盗号……让很多互联网用户对自身信息和财产的安全感到不安，这时，安全软件顺势而生，满足我们对于“安全”的刚性需求。

2003 年，世界上拥有最尖端科技的杀毒软件之一——卡巴斯基进入了中国互联网安全市场，这一年，已经是卡巴斯基杀毒软件的第十四个年头。这样一款有着丰富病毒查杀经验，以及良好用户体验的杀毒软件，一经登陆中国，就成为互联网安全市场上的佼佼者。国产杀毒软件，如江民、瑞星等，迅速走向衰落。

作为国内领先的搜索引擎，对于互联网产品而言，百度的搜索排行榜可以说是其受网民追捧程度的“晴雨表”。而截至 2010 年 5 月 30 日，在卡巴斯基进入中国七年左右的时间里，其在百度搜索排行榜软件榜 TOP50 的累计上榜时间达到 2462 天，约等于 6.7 年！由此我们不难看出，当时卡巴斯基在互联网安全市场的火爆，但如今，卡巴斯基几乎只存在于我们的记忆里，国内绝大多数的电脑上，装着的杀毒软件都是 360 杀毒。

奇虎 360 是周鸿祎于 2006 年创立的一家互联网公司，而奇虎 360 的第一个产品就是 360 安全卫士——永久免费的安全软件。360 安全卫士的主要功能并不是病毒查杀，而是系统修复、垃圾清理、优化加速、软件管家等电脑优化服务。在 360 安全卫士推出之初，就与卡巴斯基合作推出了一项优惠活动：凡是安装 360 安全卫士的用户，都可以免费获得卡巴斯基半年的服务。正是借助火爆的卡巴斯基，360 安全卫士的装机量得到快速的提升，并发展成为国内“装机必备”的软件之一。

安全软件可以说是数字时代的“刚需”产品，而国外杀毒软件的价格通常都比较高，动辄上百元的价格，让习惯使用“免费”“盗版”的国内互联网用户难以适应。这时，永久免费的 360 安全卫士出现了，在给用户提供免费的电脑优化服务的同时，还赠送用户半年的卡巴斯基服务，这也就难怪 360 安全卫士能够如此迅猛地发展起来。而 360 安全卫士与杀毒软件的互补性，也让“电脑小白”们感到轻松异常。

但周鸿祎明显不满足于一款 360 安全卫士，事实上，永久免费的 360 安全卫士也无法为奇虎 360 带来盈利，在周鸿祎进军安全市场的前几年，其实都是在自掏腰包，也正是这几千万美元的前期投入，让 360 安全卫士得以迅速抢占安全市场。接下来的问题就是，怎样实现盈利呢？于是，奇虎 360 相继又推出了 360 杀毒、360 安全桌面、360 安全浏览器、360 手机卫士、360 云盘等产品，然而无一例外，奇虎 360 的每款产品走的都是免费模式的路子。

每个企业都想一打开门，就有一堆客户进来。但要怎么做到这一点呢？那就是以“免费产品”吸引客户走进来。英特华要开门营业，就需要网站上聚集大量的人气，英特华对自己的要求就是：“只要客户脑瓜子里能记住的书名，我这里肯定有；而且一定是正版的，是最便宜的。无论客户在哪个网站上看到这本书，在比价之后，都会发现英特华是最便宜的，就会都来我这买书。”英特华就经常去当当、亚马逊这些图书电商网站上搜索，看看哪些书销量好，然后就去购进这些书，并且卖的价格是全网最低的。《好妈妈胜过好老师》是英特华销量相当好的一本图书，但这本售价 12 元的图书，进价却达到 18 元。

没错，英特华卖这些畅销书大多是赔钱的。为什么英特华要赔钱？因为这本书能够为自己带来很多流量，那么，怎么赚钱呢？只要客户进来了，商家就要想着怎么去设计产品组合，让他多购买店铺中的“利润产品”，从而实现盈利。这里，我们就来看看免费模式究竟是怎样给奇虎 360 创造营收的，从中获得一些启发。

第一，做用户。免费模式作为数字时代的一种营销新思维，其目的并不在于赚取利润，而是通过为用户提供长期、持续的免费服务，赚取用户和品牌价值。一款永久免费的产品，如果能够为用户带来良好的体验，就能够吸引用户，并让用户沉淀下来，最终成为品牌的忠诚用户。在免费模式的营销思维中，用户是关键，如果没有一个庞大的用户基数，免费模式就无法为企业带来相应的效益。

奇虎 360 正是立足于互联网安全这一刚需市场，通过 360 安全卫士将用户沉淀下来，继而推出 360 杀毒、360 安全浏览器、360 手机卫士、

360 云盘等一系列免费产品，为用户提供全方位的安全服务，最终成为互联网中的“基础设施”。事实上，奇虎 360 在做产品时，完全没有考虑盈利，其唯一的目的就在于，以良好的用户体验，塑造 360 的“安全”品牌，并不断提高用户对于 360“安全”品牌的认知度和忠诚度。

第二，做增值。既然产品是免费的，企业就必须为用户提供增值服务，来保证自己的盈利。这也是免费模式的必由之路，但很多采取免费模式的企业，其营销思维还十分传统，比如广告、收费功能等，但这些盈利模式却极大地影响了产品的用户体验，最终得不偿失。

360 在为用户提供免费的产品时，就确保了用户不会受到广告等其他盈利性增值服务的影响。奇虎 360 的自我定位，始终在于“安全产品及服务供应商”，以免费服务赢取良好的用户和口碑。而其提供的盈利性增值服务，则是以搜索广告、游戏分成为主的一些较为成熟的互联网盈利方式。通过将 360 产品打造为流量入口，让用户认可 360 的安全品牌之后，奇虎360就可以将庞大的用户基础转化为自己的“资金池”，在不影响用户体验的情况下，赚得大笔的钞票。

第三，做平台。在数字时代，如果说到最轻松的盈利模式，那无疑会提到平台战略。企业一旦拥有庞大的用户基数，就可以将自己打造为平台，深化免费模式的影响，从而抢占长尾市场。比如，微博、腾讯打造的社交平台，阿里巴巴打造的电商平台等，它们在为用户提供免费服务的同时，可以依靠平台战略以双赢的模式取得极大的发展。

奇虎 360 对于平台战略有着自己的定位，既然企业一直做的是“安全产品及服务供应商”，那么，其平台战略也紧扣“安全”这一主题。

在这样的平台化战略下，奇虎 360 相继打造了 360 安全浏览器平台、360 安全团购网址导航平台、360 安全桌面平台、360 手机安全卫士平台，将“安全”的影响力横向拓展，从电脑端到移动端，从互联网到移动互联网，从信息技术到大数据，360 的品牌几乎无所不在。

在免费模式下，奇虎 360 的市场布局越发全面，其产品几乎涵盖了与安全有关的各个细分市场。而通过免费的 360 安全卫士的用户积累，奇虎 360 几乎可以不费吹灰之力，就将其新产品推销出去。

正如周鸿祎在博客中所说的：“以免费服务获得巨大的用户群之后，再接触到用户的成本几乎为零。像腾讯如果推出新产品，只需要在自己的用户中做个介绍，一夜之间就有很多人去用。除了增值服务收费外，对市场成本的节省以及巨大的品牌价值，是免费模式得来的无形资产。”

对于商家而言，推出免费的好产品，并不是依靠它们实现多少利润，而是将其作为“开门产品”，将客户引到门里来，再引导客户购买商家设计的“利润产品”。

设计好自己的“钩”，有流量才有销量

随着信息技术与互联网的不断发展，我们如今已经处于数字时代之中，我们的购物模式也从“去购物”，转变为“在购物”。互联网中每天不断诞生着巨大的流量，而作为电商企业，则要设计好自己的“钩”，要知道，有流量才有销量。

英特华的《好妈妈胜过好老师》卖得很火，但现在市场上已经有将近500个版本的《好妈妈胜过好老师》，英特华就没有再将之作为自己的“利润产品”。英特华发现，一般购买《好妈妈胜过好老师》这本书的客户都是年轻的妈妈。我们又找到一本叫作《孕后调理》的书，这本书其实是两年前的“老书”，但内容很不错，很适合怀孕中以及刚生产完的女性。然而，图书市场上一般是怎么处理这种“压箱底”的老书的呢？他们一般会以0.6~0.8折的价格卖给西南物流，然后，西南物流再以1~1.2折的价格卖给管教中心。西南物流这样的做法当然也能实现一点儿利润，但经常这么做的话，会让企业的产品显得很廉价，那么，英特华就以1.5折的价格去收购这本《孕后调理》，或者是请个很牛的作者再写一本这样的书籍，成本还是在 1.5 折左右，甚至会更低。而既然两本图书的目标消费者都是年轻妈妈，英特华就能够将两本书放在一起，以 6~8 折的价格卖给客户。这样一来，虽然《好妈妈胜过好老师》每本书要亏损 33%，但加上《孕后调理》的利润，英特华仍然能够实现 70%~80% 的利润。

数字时代下，电商之间的竞争，其实就是流量的竞争。如今，越来越多的企业将自己的店铺开进了微信、微博、淘宝。尤其是 2014 年 2 月，曾与多家互联网巨头企业发生过“绯闻”的大众点评，最终与腾讯“牵手”成功。腾讯收购了大众点评 20% 的股权，虽然具体的收购金额没有公布，但根据之前透露的传闻，这笔交易的价格大概在 4 亿美元左右，而大众点评之所以放弃其他互联网巨头企业的收购，除了独立发展权，更多的则是为了腾讯为其提供的微信入口。

早在 2013 年 10 月，大众点评就与微信进行过合作。而根据官方数据显示，在大众点评和微信合作一个多月内，由微信支付带来的交易额，在大众点评平台上增长了七倍，平台上使用微信支付的用户增长了五倍。

拥有超过 3.55 亿月活跃用户的微信，已经成为移动智能端上最大的流量入口，这也是众多电商企业，开通微信公众号的主要原因。而大众点评拥有微信入口，对于那些与大众点评有所合作的企业而言，也是拓展自身电商业务的一次良好契机。而腾讯利用自己的开放平台引入更多商家，虽然略有成绩，但在这个过程中发现，大量的线下商家寻找线上机会，要让每个商家都做一个公众号，IT 能力有限，而大众点评的服务体系，相当于让上千万的商家接入互联网，也可以通过微信和手机QQ 的体系，一揽子进入整个开放体系中。

现在，大众点评上的商家已经超过 1000 万家，点评信息也超过了 3000 万条，从某种意义上来说，大众点评入驻微信，就相当于一个巨大的整合完成的商户公众号。通过微信，大众点评上的商户和服务，也可以渗透到更多人的生活中去，这就是流量在数字时代的魅力所在。

腾讯电商旗下的“微生活”已经进入了微信、手机 QQ，作为一个开放平台，“微生活”为合作商户提供了包括 CRM、营销、服务、优惠券等多种功能在内的服务，而对于商户而言，平台带来的流量入口，也能够让自身的销量得到显著的提升。

在“流量为王”的数字时代，谁能“钓”到更多的流量，谁就能拥有更多的销量。在流量入口已经被几家互联网巨头企业所把控的今天，企业想获得更多的流量，无疑需要与其展开合作，但企业无论是入驻微博、微信，还是天猫，其实并没有多大的难度。因此，选择哪个平台不重要，重要的是营销新思维的开拓。

当企业设置了好的“开门产品”时，就能够吸引来流量，这时，企业只需要提高流量转化率，就能够将流量转化为销量。企业吸引流量的一个前提就是，设置好自己的“钩”，以客户需要的产品作为“开门产品”，再以“利润产品”实现利润。

现在的客户都很精明，在英特华的产品研究院里，之前的研究员都是出身图书行业的，但现在只有两位是懂图书的，都是从当当、亚马逊挖过来的，另外，一位是搞数据分析的，一位是搞心理学的。用这样的人才组合，正是为了更好地了解、分析客户的需求，调整英特华的“开门产品”与“利润产品”的组合，将“开门产品”作为自己的“钩”，去钓到更多的流量，并以“利润产品”实现盈利。

那么，在数字时代下，企业究竟要怎样利用营销新思维，设计好自己的“钩”，去“钓”到更多的流量呢？

第一，“假拍”。客户在天猫这样的B2C平台上选购商品时，商品的销量一般都是一个很重要的参考标准，很多客户都会选购销量较大的产品。在他们看来，“既然有那么多人买了，那么这个商品肯定不错，不会让我被‘坑’。”就好像很多饭店在开业时，都会找来一堆人在门口排队等着吃饭，排着排着，就会有客户跟在后面排队，这时候，饭店不需要再安排人，每天也会有很多人在这里排队等着吃饭。

因此，商家可以使用“假拍”的方式，当一款商品发布之后，让一群人来购买这款商品，用销量将商品顶到搜索结果的前列，这样就能够吸引更多的客户来到店里。而且你的“开门产品”也必然能够对客户造成极大的诱惑，诱惑他们下单购买，在后期不需要“假拍”这样的方法，你的销量也能够名列前茅。

第二，抓准发布时间。无论是在淘宝上发布商品信息，还是在微信、微博等平台上发布推广信息，企业都需要把握好时间。有的企业的营销人员在工作时间上班，就一直在工作时间里发布推广信息，但要知道的是，企业的目标消费人群，大多也是一些上班族，在你发布推广信息的同时，他们也在上班，等他们歇下来的时候，那些信息早就不知道被刷到第几十页了。

一般来说，每天信息发布的时间，有三个黄金时间段：中午 11 点到下午 1 点，这个时间段内，无论是上班族，还是其他人，大多都在休息，很多人都会用电脑或手机刷刷微博、微信、淘宝之类的；下午 4 点到 5 点，这个时间段虽然还是工作时间，却是快下班的时间，人们通常会比较松懈，一天的工作忙完了，很多人都会选择放松一下；晚上 8 点之后，人们差不多都吃过饭了，看电视的人越来越少，上网的人则越来越多。

第三，保持在线。任何电商要做大，都必须时刻保持在线，尽量保证提供 24 小时的服务，以便于消费者咨询、购买商品。而且，在淘宝中，如果旺旺不在线的话，通常都会被排除在搜索结果之外。

第四，拓展推广渠道。很多电商企业对于平台有着极大的“忠诚度”，一旦入驻某平台，他们就会沉浸于此，尤其是那些入驻了微信、淘宝、微博这样的大平台的企业，很少还会关注其他平台。当然，这也与营销成本有关，他们认为投资那些平台无法给自己带来足够的收益。

但事实是，站外的小平台，有时候反而能为企业带来更大的流量。很多电商平台上的信息，其实都源于买家的主动分享，这就能为商品带来更大的可信度。另外，企业与这些平台合作，所需的成本也很小。

第五，活用工具。由于企业一般有多个商品，每天所要发布的信息也很多，或者无法保证 24 小时在线服务，那么，流量的“空白期”就会出现，这时候，就可以使用一些工具，来完善自己的营销、推广工作。

比如，在淘宝中，由于商品上架采取了“差时”策略，那么，商品下架之后，就得一个一个地修改之后重新上架，而不能批量再上架，这就极大地增加了工作量。这时候，卖家就可以使用一款免费的淘宝工具——“胜券店长”，用户可以用它批量编辑商品的发布时间，选中强制上传，点击后就可以让商品定时上架，而不需要一一重新编辑上架了。

微信则为公众号提供了自定义功能服务，公众号可以自定义自己的服务功能，根据用户发布的关键词，自动回馈其所需信息，从而保证公众号可以第一时间回复并提供 24 小时服务。

在这个“流量制胜”的时代，没有流量就很难有销量。在《好妈妈胜过好老师》成为英特华的畅销书之后，英特华仍然愿意以亏本的价格将其大量地卖出去，正是为了吸引到更多的流量。因此，企业一定要设计好自己的“钩”，让客户看到自己的“开门产品”，并用更好的“开门产品”吸引客户走到店里来，从而“钓”到更多的流量。

捆绑赠送与自己产品不冲突的产品

在传统营销思维中，“捆绑、赠送”就已经是一种成熟的营销手段了，很多企业都会采用这样的方式进行促销。来到超市里，我们经常能看到“方便面＋碗”“色拉油＋酱油”等形式的“套餐”组合。

在传统零售环节，捆绑销售是相当有效的一种促销手段。当我们来到超市，看到摆放相邻的两款商品，质量差不多，其中一款有赠品，那么，大多数人都会选择有赠品的。在家乐福、沃尔玛这样的超市里，人们经常能够看到一堆消费者围在统一方便面货架前面。在那个货架上，一大包方便面总是会绑上一个塑料碗或者是蔬果盆，消费者很少会去看其他品牌的方便面，并不是为了“买便宜”，而只是为了“贪便宜”，他们甚至都没有去比对两款方便面的价格,就已经决定了有赠品的这款。

面对竞争日益激烈的电商市场，众多商家也开始采取捆绑销售的方式，来提高商品销量。很多消费者在网上购物时，都会看到各种各样的“捆绑”促销信息：买手机还能得到手机壳、耳机，买家具送螺丝起子套装，买厨具送碗筷……但商家一定要注意的是，捆绑、赠送固然能够为你吸引来更多的客户，但如果赠品与自己的产品相冲突的话，则会消耗掉客户的购买力。

英特华以前也做捆绑、赠送，但都是将仓库里卖不掉的书作为赠品，诸如满 49、99 元送一本书，或者满 199 元送一套书这样的方式，但后来发现，这样的做法其实是错误的。比如你送的是一本“压舱底”的明朝历史类书籍，客户正好只想要购买这样一本书，了解一下明朝历史，这样的赠品当然会得到客户的喜爱，但有了赠品之后，他们就不会再去购买更新的、利润更高的明朝历史类书籍，这就造成了客户购买力的浪费。因此，商家在选择赠品时，可以选择与自己产品相关联的，但一定不能选择这样相冲突的。

很多商家在经营过程中实际上采用的是“卖货思维”，他们的盈利模式就是“10－8=2”。所谓的“卖货思维”或者说“10－8=2”，就是说商家其实就是赚个价差，8 块钱购进，10 块钱卖出，赚中间 2 块钱的价差。但现在最流行的盈利模式叫什么呢？利差！可能我一本书买进来 18 块钱，只卖 12 块钱，但我还能赚钱，为什么呢？

现在，英特华会采取“满 99 元送价值 99 元的微口罩”或者是“满 99 元送价值 99 元的面膜”这样的捆绑、赠送方式。英特华会首先与这些销售“微口罩”、面膜的客户去谈，让他们将自己的体验品放到英特华来赠送。为什么呢？有很多妈妈来到英特华购买《好妈妈胜过好老师》，当她们购书购满 99 元时，就会得到英特华送出的“微口罩”，或是面膜。拿“微口罩”来说吧，这是一种做饭的时候使用的口罩，基本都是一次性使用的，妈妈一开始可能认为这种口罩没什么意义，但她们用过一次之后，就会发现，做完饭口罩就黑掉了，英特华再告诉客户油烟对婴儿的坏处有多大，妈妈们一天用一片，送出的十几片“体验装”十几天就用完了，这时候，她们就会再去购买“微口罩”，企业的“微口罩”就能推销出去了。

而从商家的角度来看呢，进价 18 元的《好妈妈胜过好老师》只卖 12 元，但如果客户购满 99 元呢？多购买的 87 元的产品中肯定有“利润产品”，英特华就能赚到钱，而赠送的“微口罩”、面膜这样的赠品又都是免费的，完全不需要英特华付出多余的成本。

有个主营牛仔裤的企业，他有 400 家的实体店铺，其中仅在上海就有 180 家，也在天猫上有自己的网店。2013 年“双十一”的时候，他就很犹豫，自己到底要不要推出优惠活动？推出的话就会冲击自己的线下店铺，不推出的话就没办法吸引流量，网店就没销量了。

他来到英特华咨询时，英特华就打开天猫，发现他的网店一个月的销量只有 15000 件，但在搜索牛仔裤时，搜索结果里排名前几名的月销量都有八九万件，第一页的商品月销量都在 5 万件以上，翻到最后，都没有找到他家店铺的产品。研究之后，英特华就发现，他家 15000 件的销量是怎么来的呢？其实，那些都是他实体店铺的客户，他们想要买牛仔裤，但因为消费习惯的改变，他们选择了天猫这样的 B2C 平台，结果在网上发现了他家的网店，才来买的，如果他家在线上没有这样的网店，客户其实也会选择他家的实体店铺。因此，可以说，他们每个月网店的运营费和顾问费之类的成本都很高，其实是赚不到钱的。

英特华在询问这家服装店的老板的营销计划时，老板表示“明年预定的销量是 800 万”，要怎么做呢？“增加品种，到 2500 种”，对于这样的营销计划，英特华给出的答案是“死路一条”。为什么这么说？要知道，当当目前的图书品种有 50 万种以上，而英特华只有 35000 种左右，实际上有 15000 种都只是挂个图片，是没有货的。英特华要做到的就是，“客户脑子里记得住的书都有，作为‘利润产品’的书也有，至于其他的，则全部给毙掉”。

英特华给服装店老板的建议是：做三款牛仔裤——一款传统的、一款潮流的、一款彩色的，分别面向不同消费需求的客户，将它们做到物美价廉，作为自己的“开门产品”将客户都吸引进来；不需要把网店里的所有产品都做得诱人，那样做的结果只能是亏损。想想看，如果你的牛仔裤是亏本的，上衣也是亏本的，连鞋子都是亏本的，客户一套都买全了，也开心了，但你一分钱都赚不到。所以，老板只需要用一个产品将流量引进来，而用不同的款式吸引不同的客户，让客户喜欢上你的“开门产品”，这样，别人的店铺月销量能达到八九万件，你的月销量也能达到 5 万件。

再用“假拍”之类的方法推动客户走进你的店铺，客户进来的时候，你一定已经设计好了自己的“利润产品”。你就可以用捆绑、赠送的方法诱惑客户购买你的“利润产品”，但一定要找别的行业的东西来送，比如这家卖服装的老板，可以送箱包、送腰带、送袜子，但一定不能送服装，因为那会占用你的购买力。

那些“利润产品”就可以提价销售，比如原来单价是 180 元，现在提到 250 元以上是没有问题的。而作为“开门产品”的三条牛仔裤，每条月销量 5 万件的话，总共 15 万件，单价 200 元，就有 3000 万元的销售额，而“利润产品”的销量虽然不一定能达到 15 万件，但每月销售额却能做到 3000 万元，这样一来，一年的销售额就是 7.2 亿元。老板那个“800 万”的计划实在是太好实现了，他要做的其实只是设计三条牛仔裤作为“开门产品”，再赠送点与自身产品不冲突的东西而已。

商家在使用捆绑销售的营销方式时，一定要注意，赠品必须是与主产品不冲突的产品。捆绑销售是相当有效的一种营销方式，到了数字时代，立足于“大数据”，商家可以更好地把握市场脉搏，为消费者提供更贴心的“混搭”组合。如果企业善于捆绑，那么，传统的捆绑销售模式，也将在数字时代焕发出更为强大的生命力。

数字时代的营销，免费的都是最好的

在数字时代下，新媒体的变革、应用终端的变化，层出不穷的应用，让消费者的生活方式和消费行为都在悄然改变，而与之相对应的，企业的营销思维和方式就必须随之改变，尤其是对电商企业而言，数字时代的营销新思维是不可或缺的。

如今，深入消费者头脑中的一个概念就是，“免费的都是最好的”。但凡一些杰出的东西，在数字时代，都呈现出免费化的特征。互联网经济越来越多地被称为“免费的经济”。为什么这么说呢？打个比方，一个产品，它的开发成本是 1 亿元，但它有 1 亿个用户，那么，分摊到每个用户身上的成本就是1元钱，如果它有5亿用户，甚至10亿用户呢？

在数字时代，互联网产品的开发成本大体上是固定的，而产品从开发到用户的手中，其费用却是非常低的，可以说接近于零。在这种情况下，企业的产品或服务，其用户基数越大，分摊下来的成本也就越低，直到趋近于零。

企业想要进军数字时代的电子商务世界，就得先改变自己的定位，将自己作为一个互联网企业来看待。而互联网最大的特点是什么？免费！在互联网的世界里，几乎一切都是免费的，聊天是免费的、搜索是免费的、电子邮箱是免费的，连看电影都是免费的……

传统企业采用数字时代营销新思维的第一步，就应该是为用户提供免费的产品或服务。高德是中国领先的数字地图内容、导航和位置服务解决方案提供商，其在国内的地图导航市场上一度占据首位。而在消费者纷纷选用免费的百度地图、谷歌地图后，高德地图也进行了自我革命，宣布原先付费的“高德导航”手机应用全面免费。高德能够做出这样的决定是有着极大魄力的，任何企业，要放弃手中这样一块巨大的蛋糕，都会踌躇很久，但在数字时代，企业就要明白，无论是对用户还是对企业而言，“免费的都是最好的”。正如周鸿祎对于免费模式所说的，“要想成功，必先自宫”。

英特华做的是图书行业，自然不可能说所有书不要钱，但同样可以运用免费模式。怎么做呢？目前，在天猫、京东、当当等电商网站上，英特华都占了很高的份额，在天猫的考试类用书中，英特华甚至占了50% 的份额。那怎么利用这些市场份额呢？

广州有一个做在线教育的公司，他们的销售额是 2 个亿，但市场估值达到 96 个亿。在线教育无疑是接下来的一个市场热点，那些想要考试过关的学生乐于用碎片化的时间去学习，那么在线教育就是必不可少的手段。既然有这样的市场需求，英特华就不会浪费自己这么高的市场份额。

英特华会找到各类热门考试教材的主编，然后跟他签协议，“你只能在我的网站上授课，但我能够给你的教材包销”。“你这一年这本书想要卖多少册呢？ 20 万册？想不想再增长？想？好，那我给你突破到 25 万册，我一次性给你买断了。”出版社当然乐意，教材主编也乐意。然后这 25 万册书到了我手里，我当然卖不完，我只能卖 15 万册，那剩下来的 10 万册管它是赠送掉还是销毁掉都行。但这卖出去的 15 万册书的后面都会夹着一张卡片——“名师讲题免费卡”，只要你买了我的书，你就能有这样一张价值 1000 元的卡，能到我的网站上听名师讲题、听主编讲教材，那你想考试过关，你来不来？你来了，那我的网站就推出去了；1000 元的课时不够，那你就得消费。

在数字营销的时代，我们不能只着眼于“10 － 8=2”的价差，转变思维，我们就能用免费的产品跨界赚取诱人的“行差”，这时候我们实际上就是在玩转一个产业生态链了。

我们有一个合作伙伴，他是在南京做摄影的。他问我该怎么玩“行差”。我就给他出了主意：你可以跟哪个行业做链接呢？你可以去找国外的奶粉公司合作。奶粉行业有一句话叫“争第一口奶”，因为家长大多不会轻易给孩子换奶粉。那你怎么帮他去争？你推出个优惠活动——“免费提供价值 980 元的满月摄影服务”，你免费的，人家是不是都会来你这儿拍照。那奶粉自然也好卖了，毕竟奶粉是进口的牌子，摄影是免费的，家长当然会比较愿意买这个奶粉。你不要只看着“980 元”里面那 200 块钱的成本，奶粉卖出去了你是不是有回扣？就算没卖出去，人家看你这免费的服务都这么好，以后是不是都会来，可能他从满周岁到成年都来你这拍照。当你通过这个免费的拍照把孩子和你链接在一起，那你就不仅能和奶粉公司合作，孩子长大了是不是要补课，可能还要学跆拳道，可能要去国外留学，你都可以调查之后融合进来，形成一个生态圈。

商家在设计自己的模式的时候，一定要找到自己的盈利点。如果你的产品价格本来就很低，那能不能找到既免费提供产品又赚钱的方法；如果你的产品价格很高，那能不能把别人的产品免费提供给客户还有钱赚？通过设计出一整条产业链，来打造一个互联网平台实现共赢，这才是产业互联网所带来的颠覆性。

对于客户来说，免费的产品是最好的产品，无论是所要购买的产品，还是商家赠送的产品，只要是免费的，总是好的；而对企业来说，免费则是最好的商业模式。

第一，免费是最好的营销手段。在数字时代，所有的商业模式的立足点，都在于海量的用户基数。那么，这么大的用户基数如何形成？付费的服务和产品，即使花费巨额的广告宣传费用，也很难得到全方位的覆盖；但免费的服务和产品，却可以轻而易举地得到用户的认可。

一个普通的企业主，能有多少钱做营销呢？假设是 1000 元万吧。在广告成本高昂的中国，1000 万元用来做广告，那几乎没有任何效果；但企业如果用着 1000 万元做一个免费的产品——一个具有使用价值和良好用户体验的产品，那么，这 1000 万元就会为企业带来几千万的用户。

营销的最终目的在于实现销售，而在这之前，则是要让消费者了解、认可企业，并成为企业的忠诚消费者。那么，那几千万用户，在使用了企业的免费产品之后，感觉很好，就会从认可这个产品变为认可这个品牌，最终成为品牌的忠诚消费者。到那时，企业就可以考虑如何发挥这些“粉丝”的力量，为企业带来利润了。

第二，免费是最好的竞争手段。数字时代下，企业之间竞争的关键到底是什么？是产品、服务，还是品牌？都不是，数字时代下，谁掌握了更多的用户，谁就能在市场竞争中占据不败之地。

奇虎 360 在推出 360 杀毒之前，国内的杀毒软件几乎都是付费的。可 360 杀毒一经推出，其用户量就瞬间暴涨，为什么？因为 360 杀毒是免费的，也很好用。于是，在短时间内，360 杀毒的竞争对手的用户基数就快速下降，与之相对应的，企业盈利也岌岌可危，这时，他们仍然不舍得放弃现有的收入，坚持收费。最终的结果就是，360 杀毒月度用户量突破 3.7 亿，稳居安全查杀软件市场份额首位。

免费对于企业竞争而言，不仅是有效的“攻击手段”，也是有效的“防御手段”。谷歌是搜索引擎市场的先行者，从诞生开始，谷歌就坚持为用户提供免费的搜索服务，当微软想要奋起直追时，一切却为时已晚。微软曾经发起过一次搜索盲测，结果显示，必应的搜索结果与谷歌相差无几，但说起搜索，大家第一个想到的仍然是谷歌。谷歌凭借免费的搜索服务，早已将用户黏在了自己身上，这时，另外一款免费的搜索引擎出来了，用户自然不会买账——“既然都是免费的，效果又不差，我何必要换呢？”

腾讯网络媒体事业群总裁、集团高级执行副总裁刘胜义说：“数字化浪潮给营销人带来了巨大的冲击和挑战，及时转换新的营销思维，才能不断应对新的营销环境带来的挑战。”正是立足于这样的营销新思维下，英特华才敢于以亏本的图书去吸引流量，再以利润产品创造营收，也敢于每个月赠送客户具有终身价值的礼品。

在数字时代下，便捷和便宜是所有创新的主题。而在这一主题下，电子化的市场营销也产生了巨大的改变。免费的互联网可以为企业带来更多的流量、用户和“粉丝”，而企业也需要为用户提供更多、更好的免费的产品和服务。企业在数字时代必须要有“自宫”的魄力，改变营销思维，以“免费”制胜数字时代新营销。

第四章

长尾理论下的新产品战略

OBSERVATION
OFE-COMMERCE
FROM CLOUD

长尾理论，是新出现的一个理论。它认为商业活动中，随着商品展示机会的增多，消费者的个性化需求被激发。那些原本属于冷门的商品，往往却能够为商家带来利润，成为新的利益增长点。在我们的生活中，同样有这样的感受，一个无从对比价格的冷门商品，消费者是根本无法定位其真正价值的。而这种对价格的不敏感，也就促成了商家的新产品战略。

“皮箱 + 牛仔裤 + 毛衣”的“长尾模式”

在当今自由的市场竞争过程中，商业模式层出不穷。而网络时代的日新月异，也让各种新的商业理论不断萌生。近年来，有一种被称为“长尾模式”的新商业理论甚为流行。尤其是对电商来说，电商产品的多样性、商品储存流通展示的场地和渠道的广阔性，让“长尾模式”成为电商蓬勃发展的最佳模式之一。

其实，“长尾模式”不单单在电商的线上应用广泛，在线下的实体销售商场里，这个模式也是被广泛利用的。

在家乐福的卖场里，我曾有过这样一次购物体验。一年夏天，我前往家乐福卖场购买生活必需品。家乐福生活区的东西很多，当我漫无目的地逛到衣服卖场的时候，发现他们的销售区里正在售卖牛仔裤。我平时穿衣服比较休闲，所以一般都喜欢穿牛仔裤。看到这里卖牛仔裤，自然就上去看了几款牛仔裤。

正在我看牛仔裤的时候，旁边的导购员走了过来。她手里拎着一个非常时尚的布包，向我介绍说，如果我买一条 800 块钱的牛仔裤，商场会送我一个这样的时尚布包；如果我一次性购物超过 2480 元，他们会送我一个时尚旅行箱。我想到最近正好要出差，而我正好差一个旅行箱。于是我让导购员领着我看了一下他们赠送的旅行箱，非常时尚，我自己也很喜欢。于是我决定，我多买点东西，凑够 2480 元，让他们送我一个这样的旅行箱。

为了获得赠品旅行箱，我开始疯狂挑选其他商品。刚开始我打算买牛仔裤的，在挑选了一条牛仔裤后，突然想到，我妹妹也经常出差，这样时尚的旅行包如果送给她一个，应该是非常合适的。所以我决定再多买几件衣服，反正这个箱子是赠品。只要买够东西，他们就会赠送。就这样，我为了获得旅行箱赠品，最后一共挑了两条牛仔裤、一件风衣、一件毛衣……最终算了算，一共 5000 多块钱的衣服。导购员说是可以送两个旅行箱给我，就在我心满意足准备拿着东西离开时，突然想到，我的好朋友也需要这样一个旅行箱，我早就想给他送一件礼物了，一直没有合适的。这个旅行箱送给他应该比较合适，所以我跟导购员商量能不能再送我一个旅行箱。导购员说不行，除非我再加点钱。

最后，我拎着三个旅行箱和一大堆衣服回家了。要知道，那时候正是夏天，大家都还穿着短袖，而我买的东西里竟然囊括了风衣和毛衣。

其实，在如今的商业销售中，这种“皮箱 + 牛仔裤 + 毛衣”的模式是比较普遍的。以前，商家都死死盯着最热销的商品，盯着 VIP 大客户，但是在商业竞争自由化的今天，每件商品都有它的市场，不管任何时候，在商家看来卖不出去的商品，还是会有客户购买。由于在网络时代，顾客关注商品的成本大大降低，人们有可能以很低的成本关注正态分布曲线的“尾部”，而顾客关注“尾部”产生的总体效益甚至会超过“头部”。这就是“长尾模式”为什么会给商家带来巨大效益的原因。

从这次购物体验中，我也学到很多商品售卖模式。这种模式转移到电商平台上，其效果比在商场里更好。在英特华的电商平台，我们也采取了这样的“长尾模式”进行销售。别的出版社卖不出去的书籍，拿到英特华电商平台，就可以非常容易卖出去。别人赚不到钱的商品，英特华电商平台通过“长尾模式”销售，就能赢得利润。

为什么说电商给了所有商家一个最好的机会？因为只要商家善于利用电商平台，并采取策略，一切商品都可以卖出去。电商平台不比实体商场，货物的储存和陈列是不需要太大成本的。并且在传统的商场里面，因为陈列面积有限，很多商品往往没有机会展示。但是电商平台就完全没有这个限制。只要拥有足够多的商品，就能最大限度地把商品展现给顾客。过去或者某个时段冷门的“长尾”商品以极低的成本获得了陈列展示的机会，顾客也因为能够买到自己想要的商品而产生了对这个平台的信任，逐步成为固定客户。

所以，“皮箱＋牛仔裤＋毛衣”的长尾模式对商家，尤其是电商来说，是威力无穷的。它起码带给商家这样几个好处：

第一，增加顾客购买机会，降低商品的陈列成本。尤其是对线下实体卖家来说，商品陈列成本的降低非常必要。家乐福卖场里的衣服陈列区，在夏天能够摆放风衣、毛衣等冷门商品，说明他们对“长尾”模式把握得很透彻。一些电商商家，通过反季节商品的搭配陈列，增加了客流量和销售量，也是应用了这一产品战略。

第二，以赠品“勾引”顾客，产生其他商品的持续销售。赠品从某种意义上来说可以称为免费品，但是这里说的赠品并不真正是免费品。因为商家对赠品的赠送制定了规矩，必须购物满足某个数额，才会赠送。所以消费者往往会为了获得赠品去购买额外的东西，甚至是自己根本不需要的东西。为什么很多电商平台在顾客购买东西的时候，都会赠送一些小东西，就是这个道理。

第三，“长尾”商品的增加，能够带来可观的利润。是“长尾”商品，所以它在价格竞争中没有那么激烈，顾客对这些商品的价格敏感度也很低。往往这些商品能给商家带来可观的利润。比如，英特华电商平台上，我们有时候会免费赠送某本书，前提是你购买某本书或者是购满一定金额。这样一来，英特华不但卖出了畅销书，还帮助顾客卖出了一些冷门“长尾”书，并且这些冷门书的利润还不薄。

总之，在电商时代，一切的产品模式和销售战略都在发生变化，只有牢牢抓住客户需求，最大限度地挖掘并满足客户的潜在需求，就没有卖不出去的商品、做不好的电商。

会卖李子的小商贩

说到挖掘和满足客户的需求，很多企业和商家其实很茫然。他们觉得这是一个不可能完成的任务，因为顾客的需求都是模糊的，如何才能挖掘到客户的需求呢？我们从三位卖李子的小商贩说起。很多人可能会说，卖李子的小商贩，他们都是“游击队”，难道还懂什么产品战略不成？

其实不然，我们不要看他们只是卖李子的，就有点不屑，要知道，所谓产品战略，大到飞机，小到李子，其实是有很多共同之处的。

在一个阳光明媚的清晨，一位老太太，拎着个菜篮子就下楼去菜市场准备买水果。当时，正是李子上市的时节。

老太太来到第一个水果摊前，问道：“这李子怎么样？”小贩立马热情地说道，“我这李子又大又甜，包您爱吃！”老太太听了只是摇摇头，就走了。

老太太又来到第二个水果摊前，问道：“你这李子好吃吗？”小贩看到了前一个小贩的遭遇，就回答道：“我这儿就是专门卖李子的，什么样的李子都有，您喜欢什么样的？”老太太说：“我想买酸一点儿的。”

小贩就回道：“这边的李子那叫一个酸哦，您咬一口都得流口水，您要多少？”“称一斤吧。”

老太太拎着一斤李子，继续在菜市场里面闲逛，到了菜市场的另一个门口，又看到一个水果摊，摊子上的李子又大又圆，看着就让人流口水，就去问水果摊上的小贩：“你这李子多少钱一斤？”

“老太太，您好，您问的哪种李子？”

“酸一点儿的。”

“别人买李子，都想要又大又甜的，您怎么就想要酸的呢？”

“我儿媳妇有了，就想吃点酸的。”

“您对您儿媳真是体贴，俗话说，‘酸儿辣女’，您这次一定能抱到个大胖孙子。您看，要多少？”

“来一斤吧。”老太太听到小贩的话，就觉着高兴，就又买了一斤。

小贩称着李子，继续跟老太太唠嗑：“这孕妇啊，怀孕了，就得多补充点营养。”

“那得补充点啥营养啊？”老太太听了小贩的话，就问道。

“孕妇最需要的啊，就是维生素了。您知道什么水果最含维生素吗？”

“不知道。”

“这最含维生素的水果啊，就是猕猴桃。而且猕猴桃特别适合孕妇吃，您要是给您儿媳天天吃几个猕猴桃，说不定能一下给您生出俩大胖孙子呢！”

“是吗？那再给我称斤猕猴桃。”

“您儿媳真是好福气啊，遇上您这么好的婆婆。”小贩一边称着猕猴桃，一边说道，“我每天都在这儿卖水果，都是凌晨从批发市场运回来的，您儿媳要是吃着喜欢，您可得再来啊。”

“行。”老太太就这么高兴提着水果，付完账回了家。

故事说到这里，也就结束了，那么，我们来给这三个小贩算笔账：以现在的行价，李子差不多5元一斤，猕猴桃20元一斤；第一个小贩的业绩为0，第二个小贩的业绩是5元，第三个小贩的业绩是25元；另外，最关键的一点是，第三个小贩还可能会有持续的业绩，要知道，每天吃点水果，对每个人都是好的，那如果老太太坚持每天来他家买水果，一天是25元，一个月就是750元！就算儿媳生产结束了，我们也有理由相信，这个小贩能够让这位老太太，甚至是她全家人都继续买他的水果。

同样是卖水果，为什么三个小贩的业绩有这么大的差别呢？这还只是卖李子，如果延伸到其领域呢？在数字革命的电子商务世界里，企业究竟要如何做，才能让自己成为第三个小贩，而不是只会吆喝、没有业绩的“0”呢？因为满足并挖掘客户的需求很重要。仅仅夸耀自己的商品是不行的，要根据客户的需求介绍自己的商品，并抓住机会挖掘客户的需求，再用其他商品去满足他的新需求。

所以，我们可以从卖李子的小商贩身上学到一些做电商的产品策略。

第一，准确抓住消费者的真实需求，而不是强硬推广。

在这个以消费者为本的时代，企业的一切战略设计都应当以消费者为核心。消费者需要什么，我们就生产什么；消费者喜欢什么，我们就销售什么。在抓住消费者的真实需求之后，再去生产和销售，我们就能立于不败之地。

现在，我们再来看这三个卖李子的小贩，看看他们的差别到底在哪里。首先，第一个小贩连问都没有问，就一味推销自己的李子又大又圆，再热情的推荐也只是做无用功。而另外两个小贩，则是从老太太的需求出发，来推销自己的产品。

然而，同样是关注消费者的需求，二人了解的程度却有所差别。第二个小贩知道老太太想买酸一点儿的，自然就能将相应的产品推销给她，从达成销售的目的来说，他无疑是成功了的。但第三个小贩却抓住了老太太的终极需求，老太太想买李子只是表层需求，她其实是想抱孙子了，因此，他不仅能卖出一斤李子，还能卖出更贵的猕猴桃，甚至达成持续销售。

第二，引导消费者的真实需求，深入挖掘其他需求。

并不是每个消费者都会坦言自己的真实需求，相反，大多数消费者在消费之前，就已经明确了如何满足自己的需求，这时候，企业想要改变消费者固有的思维，就需要一定的销售技巧，将消费者的真实需求引导到自己的产品，或者是利润率更高的产品上去。

老太太的真实需求是什么？是抱孙子。那要怎么做呢？得把儿媳妇儿养好。吃酸一点儿的李子。也就是说，在老太太出门的时候，她的真实需求就已经发展成为买酸一点儿的李子。而第三个小贩是怎么做的呢？他在抓住老太太的真实需求之后，就开始了引导的过程：他先赞美老太太对儿媳的好，引起老太太的好感；然后教育老太太如何养好儿媳，那就是多补充营养——多补充维生素——多吃水果——多吃猕猴桃；最终，立足于儿媳的健康，小贩以产品的新鲜程度，将只准备买李子的老太太，引导到了持续购买较贵的猕猴桃上。

第三，将顾客变成长期顾客，培养忠实顾客。

在粉丝经济如此盛行的今天，能够将零散的顾客转化为自己的长期顾客、忠实顾客，甚至是粉丝，是每一个商家需要追求的目标。尤其对电商来说，这一点尤为重要。在我们进入数字时代的电子商务世界之前，消费者的真实需求就已经引起了很多企业的关注，但限于技术和数据的限制，企业仍然无法制定出完全立足于消费者需求的产品战略。

而在数字时代下，互联网和信息技术的高速发展，为我们提供了这种技术支持，而多年的电子商务发展，也已经让国内的消费者习惯了网上购物的消费习惯。这时，企业就可以实现生产方和销售方、销售方和消费方的直接对接,企业可以利用互联网精准定位自己的目标消费群体，在了解了其真实需求后，再将之传达给生产方，从而极大地降低企业的生产、营销成本，使销售变成水到渠成的事。

在新产品战略下，企业可以变得更为自由，而不会像之前一样被消费者的需求束手束脚。在极大地缩短了调查——生产——销售的时间之后，电商就可以像第三个卖李子的小贩一样，每天采购一点儿李子、猕猴桃，引来大批客流量，实现商品的长久销售。

前店后厂的应用

在传统商业过程中，国内曾经产生过一个“前店后厂”的商品生产和销售模式。所谓的“前店后厂”，主要是珠三角地区和港澳地区经济合作中地域分工与合作的独特模式。其中的“前店”指的是港澳地区，“后厂”指的是珠三角地区。这种独特的合作模式中，港澳地区因为独特的地理位置，其非常方便与世界各地的贸易往来，并且在管理、资金、技术等方面拥有很强的优势。而对于珠三角地区来说，其自然资源、劳动力资源都非常丰富。正因为这些各自的优势，所以“前店后厂”的模式极大地促进了地区的优势互补和贸易往来。珠三角地区负责生产，港澳地区负责贸易往来，这对促进双赢局面的产生具有重要的意义。

但是，随着互联网时代的到来，商业贸易不再像过去那样严重依赖地区差异，商品信息不对称的局面已经被打破。互联网大大拉近了人与人之间的距离，也拉近了商家与消费者之间的距离。商品信息能够通过互联网最大可能地传递给消费者，消费者的需求也能最大可能地展现给商家。通过互联网通过电商，商家与消费者之间已经建立了一种良性的互动与双赢关系。

对于像英特华这样的电商商家来说，如何最大可能地满足消费者的需求，实施良好的产品战略，让产品组合变得更加切合消费者的实际，是我们最需要考虑的问题。从传统商业模式到电商，短短十几年的时间，中国的电商行业已经进入一个白热化的竞争阶段。淘宝、天猫、京东、当当、亚马逊等电商平台，给消费者提供了产品购买便利的同时，也让商家的生意变得比过去更为轻松。但是这种轻松并不代表电商就不需要任何产品战略，不需要商业模式，电商的发展壮大，对产品战略和模式的需求甚至要比传统商业更加强烈。

某科技公司于 2011 年 5 月正式推出了一个电子商务交易平台，其网站名字命名为“前店后厂”。“前店后厂”被定义为“零中间商”的网上批发商城，网站为各种生活消费类产品进行了专门的定位，为企业提供“买全国货，货卖全国”的服务。

具体来说，“前店后厂”的上游供货方都是制造厂家，而下游购货方则为最终零售商户，通过消除传统流通领域的中间环节，实现制造直接到销售终端的产业模式，从而缩减企业成本。

“五一”小长假已经成为国内每年的一个消费小高峰，很多企业都会瞄准这个时期，以各种优惠活动，来实现更多的销量。但随着商业地产的不断增值以及物流成本的不断增高，产品从生产端到销售终端的中间成本也不断上升，在大力的优惠活动下，很多企业往往只能“赔本赚吆喝”。

而在 2014 年 4 月 23 日到 4 月 30 日的这八天里，“前店后厂”则为中小企业提供了小批量购货或低价购入样品的机会。在活动时间内，“前店后厂”上的买家可以在每天上午9点到晚上9点期间，登录网站查看其“抱团”活动提供的当日团购商品，如果买家有兴趣，则可以点击商品下方的“我要抱团”，来参与团购优惠购买活动。每天晚上9点之后，“前店后厂”则会根据参团人数，按照既定的三个优惠档次，相应地调整商品的价格，并以这个优惠价格为买卖双方进行“下单交易”。之后，双方则可以按照正常的程序，完成付款、发货、验货、收获等交易环节。

也就是说，在这八天内，每天推出的团购商品下面，参团的人数越多，买家就可以享受到更优惠的价格。这对于制造厂商和销售终端而言，都有着极大的益处，制造厂商可以切实地感受到薄利多销的价值，而销售终端则可以以更低廉的购进成本，加大“五一”活动的优惠程度。

我们都知道，在传统的流通环节中，商品从制造厂商流通到销售终端手里，往往要经过两次以上的周转，一般来说会有厂商、批发商、零售商三个环节，而在很多产业链中，批发商还分为一二三级，参与者的增多，就意味着利润分享者的增多，商品价格在层层加码后，往往就会直接影响零售商的利润，而厂商也因为销售渠道被垄断，容易被批发商所“挟持”。

在这种情况下，将制造厂商与销售终端直接对接在一起的“前店后厂”模式，则能够有效弱化中间环节的影响，并大幅降低产品运转周期，从而降低企业经营成本，增强企业竞争力。而英特华在这些既有模式的基础上，又探索出了属于英特华自己的“前店后厂”模式，并且还将这一模式思维同时应用在了产品的组合设计过程中。关于产品的组合设计，我将在下一节说到。现在我们先来看看“前店后厂”模式的优势。

第一，“前店后厂”能够实现厂商和商家的直接对接。无论是在前后科技的“前店后厂”平台，还是天猫这样的B2C平台，企业采用“前店后厂”模式，都可以实现与制造厂商的直接对接，拒绝批发商、供货商、采购商等中间商的介入，从而实现价格体系的保护，提升企业的利润空间。

而在直接对接中，销售终端可以直接向制造厂商传递自己的需求，制造厂商也可以在接到订单后，再进行相应的生产。这样的直接对接，既缩短了产品周转周期，也提供了企业应对市场需求变化的能力。

第二，精准匹配。在数字时代，数据是企业制胜电子商务市场的关键。在传统的产品流通环节，企业往往会追求产品的“大而全”。由于无法敏锐捕捉到消费者的需求信息，企业只能希望以更为全面的产品，来满足更多消费者的需求。

但在数字时代，企业所要担心的并不是信息的不足，相反，很多企业反而因为巨量的信息数据，而感到忧虑。在“前店后厂”模式下，企业可以专注于目标消费者的需求，根据精准的供需信息生产出“精而美”的产品，给予目标消费者更优质的服务。

第三，数据共享。互联网时代的一大特征就在于分享，对于混迹于互联网时代的电商企业而言，“我们从来都不是一个人在战斗”。通过入驻各大B2C平台，我们就可以借力于平台收集到的海量数据。

无论是制造厂商还是销售终端，都可以立足于对方的历史交易数据，以及市场上的消费热点，迅速改变自己的产品策略，以更完善的市场、地点、产品种类规划，在短时间内实现产品的采购和销售。

“前店后厂”模式能够让企业处于更为自由、舒适的位置，专注于主营产品的市场信息，在极短的时间内，完成产品设计、生产、物流、销售等环节。数字时代下的“前店后厂”模式，其实就是“将销售、市场、应用开发放在靠近消费者的前店（线下），将生产、计算和服务放在能源、资源集聚的后厂（线下）”。

巧妙设计产品组合，黏住顾客

对于电商来说，互联网时代，产品的生产与运输已经不再是问题。商品的多样性与丰富性已经让顾客的需求变得五花八门，过去的卖方市场早已转变为今日的买方市场。商家要想实现产品销售，赢得利润，就必须研究如何巧妙设计产品组合，最大程度上满足顾客的需求，实现最终的双赢。

英特华在电商发展的过程中，通过不断的实践和总结，摸索出了一条属于其自己的“前店后厂”模式。但是这种“前店后厂”模式不再是指地域之间的分工，而是指电商平台上的产品分工。通过“前店后厂”模式，任何一家电商都能够巧妙设计自己的产品组合，顺利实现产品销售，让利润达到最大化。

我们都知道，对于每一种商品来说，其价值是特定的。一本育婴类书籍，它对待产或已产的爸爸妈妈来说，价值是非常巨大的。这些准妈妈、准爸爸或者是妈妈、爸爸急需要育婴类书籍的指导，从一本育婴类书籍中，他们可以学到育婴经验，从而更好地哺育自己的宝宝。但是如果这本育婴类书籍放在一个学生或者是老人手中，它就没有任何意义，充其量也只是一堆废纸。为什么呢？因为顾客的需求决定了产品的价值。如果顾客对产品没有任何需求，这一商品再好，它也是没有价值的。

同理，在电商平台上，如果商家不注重顾客的需求，一味地从商家的角度出发，强硬推广，消费者不但不买账，还会对商家产生厌恶感，从而远离这一商家。那电商该如何做呢？很简单，就是巧妙设计产品组合，精准挖掘客户需求，发挥每一种产品的最大价值。通过“前店”产品实现引流，通过“后厂”产品赢取利润。

刚才已经提到，英特华电商摸索出来的“前店后厂”模式指的是产品分工。通过充分放大和发挥不同产品的价值，来实现优势互补，实现销售，赢取利润。我们可以这样理解：

第一，“前店”产品引流。所谓“前店”产品，就是指能够吸引顾客来到电商平台上，增加电商平台流量的产品。一家红火的实体店，必然是客流量越大，产品销售越快，生意越红火。一家网店，同样需要有巨大的客流量来实现产品的迅速销售。上面提到的育婴类书籍，它可能对学生和老人没有任何吸引力，但是对于年轻夫妇来说，是有很强的吸引力和使用价值的。那在年轻夫妇经常浏览的电商平台中，这本书籍就能发挥其价值，实现引流。年轻父母看到这本书后会循着路径，来到育婴类相关产品的网店浏览。这样，顾客浏览该网店产品的概率增大，购买概率也会增大。

不过，对于英特华电商平台来说，“前店”产品一般都是免费的，并且要与“后厂”产品进行关联和捆绑。“前店”产品的成本实际上是附加在其他的产品之上的。

第二，“后厂”产品实现盈利。对于每一个商家来说，不管采取什么样的策略，盈利都是最终的目的。商家不可能冒着赔本的风险去做生意，所以看似免费的产品，其实是为了更大的盈利，即所谓免费是为了进一步盈利。英特华电商平台上曾经设计过这样一个产品组合：购买某本育婴类书籍的顾客，只要一次性购物超过某个金额，英特华就会给顾客赠送一袋某品牌的面膜或者某品牌的口罩。有人会非常纳闷，如果说面膜是给妈妈用，那么口罩给谁用呢？这样的产品组合好在哪呢？

实际上，产品的组合是深层次的。顾客的潜在需求总是难以只在表面流露，电商商家只有深入挖掘，才能在设计产品组合的时候出奇制胜。英特华销售的那本育婴类书籍，都是准妈妈或者是已经有了宝宝的妈妈购买的，她们都是年轻时尚的群体，自然对面膜有着很大的需求。购买我们的书籍，给她们赠送面膜，她们是非常乐意的。但是他们必须购满某个金额，这样一来，我们就有了利润空间。销售的产品越多，我们自然赢利也越多。那么我们赠送口罩是为什么呢？

因为我们会在赠送的口罩中放置一个小贴士，告诉准妈妈们，做饭的时候，油烟对孩子的伤害非常大。戴上口罩做饭，会减少对未出生宝宝的伤害。这样一来，准妈妈们每次做饭都会想到要戴口罩。等她用完我们赠送的口罩，其消费习惯已经养成，自然还会到我们的平台上购买同类的口罩。同理，赠送的面膜也是一样的道理。这样，通过“前店”口罩，实现了“后厂”产品的持续销售，赢利自然就会增加。

英特华还有一个与客户实现共赢互利的“前店后厂”例子，也非常值得其他电商商家思考。

某一段时间，英特华电商平台上曾销售过一本注册会计资格证的考试用书籍，这本书籍是由一位该书籍的编撰老师推送给我们的，该书属于考试用指定书籍，所有参加注册会计资格证考试的考生都会购买它。但是这位老师以低于成本价的折扣批发给我们，让我们销售，他唯一的要求是我们以较高的价格购进他编撰的该书籍配套辅导资料。

这样一来，在我们的平台上，注册会计资格证考试的这本指定教材是以低于其他电商平台的价格销售的，因为我们的成本价本来就极低，我们的赢利空间很大。同时，因为我们的书籍售价低，大批准备参加注册会计资格证考试的学员都来我们的平台购买书籍，给我们的平台带来了极大的流量。而因为这些学员客户对该书籍的辅导类资料需求也很大，他们在购买该教材的同时又会购买这位老师提供的辅导资料。并且，这本辅导资料只有在我们的平台上才能买到。从结局来看，英特华非常成功地销售了商品，获得了利润。

对于这位和我们合作的老师来说，他也是非常高兴的。虽然教材他以低于成本价的折扣批发给了我们，看上去他赔本了。但是他的辅导资料的热销让他狠狠地火了一把，也赢得了更多的报酬。从结局上来看，他也是成功的。

为什么会出现双赢的大好局面？因为无论是英特华，还是那位老师，都非常巧妙地设计了产品组合，将“前店后厂”的模式运用得极为成功。

前店产品。对于英特华来说，不论教材还是辅导资料，都是前店产品，因为它引来了大量的流量。只要有了流量，英特华的其他商品就能通过另外的模式实现销售。对老师来说，教材属于他的前店产品，教材的低价销售将客户都引流到了英特华的电商平台，这正好让客户顺便购买其辅导资料。况且英特华还采取了将教材和辅导资料捆绑销售的优惠销售模式，顾客也乐得打包购买教材和辅导材料。

后厂产品。对于英特华来说，教材和辅导资料的热卖已经拥有足够的盈利空间，但这还不是英特华的目的，通过前店产品的引流，英特华其他具有高利润空间的后厂产品实现了销售，这才是最重要的。对于老师来说，卖出辅导资料，实现声誉和报酬的双赢，是他的目的。后厂产品——辅导资料帮助他实现了目的。

其实，从上面的分析我们可以看出，在“前店后厂”模式中，英特华电商平台、老师、参加注册会计资格证考试的客户，三方都是共赢的。客户以便宜的价格购买到所需的产品，自然是满意的，以后肯定还会到英特华电商平台上购物。

所以说，在电商时代，商家要赢利，就要看综合的赢利，不能再着眼于某种单品的利润有多少。互联网时代让信息更加自由，这注定了世界的未来是共赢的未来。电商要顺应这个趋势，让所有参与商业活动的主体都能各取所需，实现利益满足。“前店后厂”这一共赢模式，正是电商未来发展的趋势，也是每一个电商商户发展壮大的必经之路。

第五章

商业竞争的新规则

OBSERVATION

OFE-COMMERCE

FROM CLOUD

不管是资本规则、营销规则，还是产品战略，其最终的目的都是为了参与商业竞争，提供服务，赢取利润。所以如何更好地参与商业竞争是每一个企业与生俱来的任务和目的。互联网时代，一切都变化了，商业竞争的规则也随之更新了。价格战早已不是当今商业竞争的主要命题，创造并满足消费者的个性需求，善于在对手身上找到突破口，将对手化为朋友，才是如今商业竞争的新规则。

创造需求，满足需求

商业竞争，从很大程度上来说，都是对于客户需求的满足的竞争。谁能够满足客户的需求，谁就能获得商业竞争的胜利。但现在客户并不像以前那么明确，在过去，由于物质资料不充足，市场上缺什么，企业卖什么就好；但在今天，商品经济已经十分发达，客户需要的都有了，那企业要怎么做才能颠覆竞争对手呢？企业需要学会的就是创造客户需求，再去满足客户需求。

有一次，我带着儿子到中关村图书大厦二楼看书，那里贴着一个广告："你知道你的孩子为什么驼背吗？你知道你的孩子为什么近视吗？"因为我本身有点瘦、有点驼背，所以我儿子跟我一样有点小驼背。看着这广告我就想，"为什么呢？"我就看到广告旁边摆着很多用于客户体验的桌子，我就过去询问那边的工作人员，他回答我说："因为你桌子用错了。""应该用什么样的桌子呢？""得有 45 度斜面的啊，你看大家平时桌子都是平的，书往上面一摆，人自然得弯着腰才舒服，久了就容易驼背近视，但用 45 度斜面的呢，书往上面一摆，挺直着腰就很舒服了，再加上我们这个配套的椅子，就更好了。只要你孩子保持这样的习惯两年左右，这辈子都不会驼背了。你家的桌子要换吗？”我当时一听，就把家里的桌子给换了，而且还给外甥的桌子也换了。

我后来就想，我一开始需要换家里的书桌吗？肯定不需要的，更何况是换一个“暑期特价 888 元”的桌子。为什么我会这么做呢？这就是被创造了需求，他创造了我的这种需求，而且能满足这种需求，所以我愿意花 888 元买个孩子用的书桌。那这个方法我能不能学过来呢？肯定是可以的。

后来，我有一次去海口参加学习交流会议，在那儿认识了一个做汽车保养装修配件的老板。那个老板说自己在北京有十几套房产，我就问他：“都是全款买的吗？”老板说：“是啊，生意不好做，只好投资房产了。”我当时就对他说：“如果你去跟那些理财俱乐部的人说这事儿，他们一定会说你傻。别人买房都是拿到房产证之后，就去做评估，评估到 120%，甚至是 140%，再打个 7~8 折找银行做贷款，那买房子的钱基本就都拿回来了。拿到这笔钱之后就能投资到你的生意里，英特华能用 100 万元撬动 1000 万元，用 1000 万撬动 1 亿元，你却把钱白白地放在那儿。你要是按我说的做，即使哪天房子贬值到五折以下，你就直接把房子给银行，反正你买房子的钱早就回来了。”

后来，这个老板就专门来到北京，找到英特华，想要咨询一下怎么做生意。我与公司的几个高管商量了一下，给出的方案是这样的：这个时代的商业竞争，你不能等着客户或者那些汽修厂、汽车保养公司来找你，而要去“打劫”客户。怎么做呢？首先你要去“打劫”洗车行，洗车行一般洗一次车是 25 元，你去和洗车行谈，让他开出 20 元的价格，还有 5 元钱自己给他补上。但这里有一个前提就是，洗车行必须打上你做的汽修配件的广告。这样一来，洗车行的洗车价格便宜了，来的客户多了，看到你配件广告的人也就多了。这时候你再培养一批客服员，客户洗车的时候一般都会在旁边等着，他们其实是很无聊的，你的客服员就可以上去和他们聊天，邀请他们加入一个车友会，有什么好处呢？你可以给他洗车优惠，可以带他加盟婚庆车队，可以给他办一张会员卡，包他一年的保养费。这样一来，你前期的投入就可以通过这个会员费收回来。

接下来，你就要把自己的汽修配件的包装改一下，改成什么样的呢？把那些汽修配件分为“宝马专用”“别克专用”“奥迪专用”……当然，一般来说，汽修配件都是能够通用的，无论是汽修厂，还是客户，都不怎么清楚还有“专用”这回事儿。怎样让客户来买这些“专用”的汽修配件呢？你就要让汽修厂销售这些“专用”的汽修配件。你可以自己组织人开着宝马车或者奥迪车到汽修厂去，问汽修厂的老板有没有自己轿车品牌专用的配件，老板说“没有”，你的人就直接掉头走了。如此反复几次后，汽修厂老板就会到网上去搜这种“专用”的汽修配件。

当汽修厂老板找到你这儿来的时候，你不仅可以为他们提供“专用”的汽修配件，还可以给他们客户，因为你依靠之前办的车友会其实已经积攒了大量的客户基础。在过去，你还要与汽修厂老板谈来谈去的，“求”他们卖你的配件，但现在不需要了，你只需要等着他们上门就好。当然，这个市场的商业竞争是很激烈的，汽修厂可能因为这样那样的原因就不来你这儿购进配件了，而对于这样的汽修厂，你就可以直接抛弃它们。为什么？因为客户在你手上，当汽修厂老板不在你这儿购货时，你就可以给汽修厂附近的客户打个电话，告诉他们："这家汽修厂有点问题，还是不要去了，去另外一个较近的汽修厂吧，还有很多好处……"

企业想要取得商业竞争的胜利，就要懂得满足客户的需求。那么，怎样才能让企业成为唯一能够满足客户需求的企业呢？就要依靠"打劫"的手段，创造需求，开辟自己广阔的"蓝海"市场。

如今这个时代就是一个"吃饱了撑着"的时代，以前物资不足的时候，肉是最贵的，现在什么都产能过剩了，只要是消费者有需求的市场上都有。那怎么办呢？打价格战吗？那太低端了。

有次我去台湾，有个朋友邀请我去一个酒店就餐，那里有道菜很有意思：在那个饭店的门前有一条小溪，他就取那条小溪里的鱼熬制48个小时，熬到"已无鱼形，但闻鱼味"的地步。然后端出来，用什么盛呢？用那种喝酒的小盅，然后放一把挖耳勺那样的勺子，你说那叫喝汤吗？他实际上不是卖那个汤，而是在卖他的底蕴、环境。但这恰恰挖掘到了那些"吃饱了撑着"的人的需求，并给予了满足。

然而，企业在商业竞争的过程中并不能盲目地去创造需求，而是要以对市场的充分调研为基础，对目标消费者的心理进行分析，从而创造客户需求，并借助各种有效的营销策略，来开辟一个潜在的、利润空间较大的细分市场。具体来说，企业到底要怎么做呢？

第一，进行广泛而深入的市场调研。俗话说："没有调查就没有发言权。"企业要依靠创造需求来颠覆竞争对手，就不能闭门造车，客户的潜在需求并不是企业能够凭空臆想出来的。企业需要以发展、动态的观点，去分析客户过去和现在的需求，从而挖掘出客户未来和潜在的需求。

需要注意的是，企业不能简单地围着客户转，因为客户很多时候的消费选择并不是理性的，可能是因为好奇，可能是因为求新，他们才会想要购买某种产品，这时候，企业反而会受到客户的误导，迷失在客户不断更迭的需求当中。

在新时代下，客户越来越追求个性化的体验，这时候，汽车配件如果也能做到个性化——“XX 专用”，就能满足客户的个性化需求。还有很多客户喜欢那种“一卡在手，天下在手”的感觉，他们不喜欢随身携带太多的现金，给他们一张会员卡，每次洗车就不用掏钱，他们会感到很满意。

第二，对客户、市场进行教育。当一种新产品出来时，大多数客户都不会迅速接纳，他们希望等到别人使用之后，感到“安全”之后才会购买。这时候，企业就需要以各种营销手段对市场和客户进行教育，将新的消费理念灌输到客户的脑中。

英特华在建议汽修配件老板创造需求时，就认为要先找“托”去教育市场，用“托”让汽修厂老板了解“专用”的汽修配件的市场需求，同时以车友会的形式对会员进行教育。二者双管齐下，就能够迅速创造“专用”的汽修配件的市场“蓝海”。

作为中国著名的企业管理成功人士，海尔集团总裁张瑞敏一直都信奉着一句名言：“好的公司是满足需求，伟大的公司是创造需求！”创造需求正是这样一种新型的商业竞争手段，在充分调研、挖掘客户的潜在需求之后，对市场和客户进行教育，从而激发出客户的潜在需求，将其转化为现实需求，从而为自己的产品创造市场。

到敌人的阵营里挖人才
——对手的人才是首要挖掘对象

从企业外部因素来说，商业竞争就是关于客户需求的竞争；而从企业内部环境来看，商业竞争则着眼于企业人才的竞争。然而，人才是有限的，企业很多时候会发现“无人可用”，那就不妨到敌人的阵营里去挖掘人才，要知道，对手的人才才是企业的首要挖掘对象。

英特华就使用沙龙模式作为自己的人才挖掘手段。英特华会不定期地举办一些主题论坛，如O2O、B2C这样的专题论坛，然后到苏宁、国美、京东、亚马逊这样的电商网站，邀请一些经理级别以上的人来一起探讨。如果发现某个人很有思想，思想很有价值，英特华就会与他进行私下的谈话，争取把他挖过来。

英特华还常常会去其他的图书电商平台看看，看哪本图书做得好，就会对相关的从业人员做个标记。比如，天猫做图书产品时，就曾经邀请过英特华，天猫现在执行的是“达尔文计划”，英特华也有参与，他就可以举办一个以“达尔文计划”为主题的沙龙，邀请一些职业经理人进来做研究，如果发现人才的话，英特华同样会把他挖过来。

企业如果发现自己手头缺少合适的人才的话，不妨去竞争对手那里挖，将竞争对手当作自己的人才仓库。我原来是做饭店生意的，现在做图书、做电商，自然就要去挖掘相关的人才。

天猫的商品一共分为 40 个大类目，其中只有母婴类是按照消费人群划分的，其中有3200个左右的店铺，其他的则是按照商品品类划分的。这 40 个大类目对于英特华而言，就是 40 个大的人才库。天猫的从业人员都有一个特点，那就是他们特别喜欢分享。英特华就可以邀请他们过来分享一些经验，将他们培养成为“玩转天猫”的咨询师。要知道，每个行业都是有自己的经营逻辑的，而这些邀请来分享经验的咨询师，正是懂得天猫经营逻辑的人。

我在参加过北京一个 20000 人的培训课程之后，就一直想要举办一个自己的 20000 人培训课程。如果能够从天猫挖来 40 个咨询师，每个咨询师能够为 500 家店铺服务，那么就能构成一个 20000 人的大型培训会场。而这也是英特华正在努力实现的，通过从天猫、当当、亚马逊这样的平台挖掘咨询师，就能够为电商俱乐部的会员提供关于这些平台运营逻辑的培训和咨询服务。

而挖掘来这些咨询师之后，英特华就可以自己在每个类目下建立一个旗舰店或者加盟店，通过自己运营，或是招聘商家加盟的形式，做成 40 个标杆店铺，并把他们集中在安徽合肥的实训基地上。由于这个实训基地是当地政府免费提供的，英特华可以不花一分钱使用场地，而这些招来的工作人员大多也是不需要英特华掏腰包、付工资的。

在这样一个“零成本”、大规模的实训基地里，依靠这些从竞争对手那里挖来的人才，英特华自然能够轻易地抓住各行各业的运营逻辑，从而成为商业竞争中的胜利者。那么，企业到底要怎么以沙龙模式来挖掘对手的人才呢?

第一，找准沙龙的主题。企业想要通过沙龙将客户和人才聚集在一起，就需要先找准沙龙的主题。这就需要企业对于客户需求有充分的了解，客户想要通过沙龙学到什么，企业就以举办什么主题的沙龙吸引客户参加；立足于客户需求，企业也要对自己的发展战略有一个清晰的认识，企业下一步的发展面向什么方向，企业就以什么主题的沙龙去吸纳相关的人才。

英特华举办的沙龙大多是立足于自己的电子商务俱乐部，以O2O、B2C等俱乐部会员普遍关心的问题为主题，为客户提供有价值的沙龙活动，而在此之上，英特华则能够到当当、亚马逊、天猫等电商平台上，邀请相关的人才参与进来，与大家一起探讨。

第二，发现并挖掘人才。沙龙模式的主要目的仍然在于对竞争对手的人才的挖掘，企业想要通过沙龙模式挖掘到自己需要的人才，就需要发现人才，在沙龙活动中，企业要给予邀请来的职业人充分表达的机会，并通过他们的发言，找到其中的闪光点，发现人才。至于怎么挖掘人才，则是“八仙过海、各显神通”了。如今职业人对于职业生涯的要求无非是薪资、发展空间、团队氛围等因素，企业就可以从这几个角度出发，以诱人的条件挖掘来自己发现的人才。

英特华在举办沙龙时，会给予邀请来的人才充分表达的机会，这样，英特华就可以去衡量这些职业人是否是自己所需的人才，在发现人才之后，则和他们进行充分的沟通，找到他们的职业需求，挖到自己的团队之中。

第三，挖掘知识与经验。企业想要挖掘到竞争对手的人才，通常需要付出极高的代价，每个企业都会对自己的核心人才进行保护，不会让竞争对手轻易挖走。因此，企业可以退而求其次，不一定非要挖走竞争对手的人才，而是挖走他们的知识和经验，而沙龙模式则能轻易做到这一点。

英特华会让自己邀请来的职业人担当讲师的角色，在这样的安排下，受邀而来的职业人则会做好充分的准备，争取把“肚子里的墨水”都倒出来。尤其是邀请爱分享的从业者时，英特华就能够以一种较为隐蔽的手段去了解竞争对手的运营逻辑，从而在商业竞争中做到有的放矢。

企业在商业竞争中，往往会感到人才的缺失，有时候，企业的发展失利并不是因为老板的决策失误，而是因为由于缺少必备的人才，老板在决策时就会出现“拍脑袋”的情况。因此，为了避免自身的决策失误，并赢得商业竞争的先机，企业可以采取沙龙模式，维护手中已有的客户、学习竞争对手的运营逻辑，并争取挖走竞争对手的人才。

放大对手痛苦，再去安慰

激烈的商业竞争中，企业除了正面参与竞争，更重要的是要在竞争中建立新的规则，让竞争对手遵守新的玩法和规则。如此一来，企业在竞争中就会处于主动地位，能够在商业红海中获得发展之路。

英特华在发展初期，参与过很多价格竞争。比如，在淘宝和天猫平台上，商家为了吸引顾客前来购买，往往会采取价格战的方式争夺顾客。所以大家在淘宝和天猫平台上可以看到，销量好的商家往往是排名前几名的，而排名在后面的商家往往很少有销量。

这是因为排名前几的商家主导了在这个平台上竞争的规则，他们一旦开始打价格战，其他商家为了应对，只能紧跟着打价格战。但是价格战再怎么打，商家也不能一直做赔本的买卖。怎么办呢？英特华在价格战的过程中认识到，必须颠覆对手的竞争规则，通过挖掘对手的短板来放大对手的痛点，这样一来，竞争的规则被重新制定，对手在商业竞争中会觉得无所适从，不知道该如何竞争。这个时候，英特华就会主动放大竞争对手短板的痛苦，让竞争对手更加紧张，从而乱了手脚。

那么，怎么放大对手的痛苦呢？我们知道，任何一个人在面对新的事物，或者自己不能控制的局面时，都会感到心慌和紧张。尤其是当一个人对当前形势一头雾水，别人向他夸张地描述局势紧张的时候，这个人就会立马乱了阵脚，头脑都不清晰了。为什么呢？因为他被放大的痛苦吓破了胆，别人说什么他都会相信。

就像一些传统的商家，他们在电子商务刚刚来临的时候，并没有看到电子商务的优势，所以也没有花费精力去建设电子商务渠道。但是电子商务经过这几年的发展，已经展露出了明显的优势，无电商不能活的局面也在逐渐形成。这个时候，以前没有选择电子商务的商家就开始心里没底，他们不知道自己该如何面对这种新的商业竞争规则。电子商务的迅猛发展已经让整个商业市场产生了这样一种局面：不做电商，就得死；做了电商，做不好也得死。传统商家面对这种局面，左右为难。因为他们知道自己不做电子商务的话，迟早面临着被淘汰；如果他们做了电子商务，但他们又不知如何做，那他们就是自己找死。面对这些左右徘徊的商家，如果没有人去放大他们的痛苦，他们还会继续徘徊，所以英特华会这样去放大他们的痛苦。

英特华告诉这些商家，电子商务的浪潮是不可避免的，他们已经错过了电子商务发展的初期，现在如果还放弃在电子商务发展的完善期进入，那他们必死无疑。最起码，进入电子商务，还有可能在商业竞争中赢得发展壮大的机会。不参与电子商务，就连竞争的资格都没有了。

兵法上讲究乘虚而入，在商家左右徘徊的时候去放大他们的痛苦，他们就会相信你说的每一句话，从而遵守你制定的规则。当传统的商家被英特华放大痛苦的时候，他们会对英特华产生一种心理上的依赖感，他们会觉得自己找到了正确的道路。要知道，英特华作为电商参与者和主导者，生来就是传统商家的敌人。传统商家能够接受英特华的建议，跟着英特华走，这说明英特华在竞争中已经占据了主导地位。

放大了对手的痛苦，让对手感觉到无比的痛，这是远远不够的。对手有痛苦，自然要去安慰，这样才能将对手争取过来，让他成为自己阵营里的伙伴，跟着自己的规则走。所以英特华向传统的商家们提出，英特华可以替他们做电商的代运营。英特华有着雄厚的仓储和物流实力，有着成熟的电商运营技术，还有强大的电商运营团队。所以替传统商家做电商的代运营完全没有问题，对于传统商家来说，他们以极低的成本顺利介入电商，再也不用担心因为不懂电商规则而贸然找死的危险。而对于英特华来说，放大了对手的痛点，安慰了对手，让对手参与自己制定的规则，这就是英特华成功的竞争手段。

在商业竞争中，尤其是整个市场呈现一片红海的时候，很多商家觉得自己无路可走。一方面跟不上竞争对手的步伐，另一方面，为了生存又不得不遵循着竞争对手的规则疲于奔命。在这种情况下，转换自己的思维，另辟蹊径就显得尤为重要。尤其是在互联网时代，所有的市场竞争都将更加开放和自由，只要你能寻找到竞争对手的痛点和短板，建立一套新的竞争规则，对手就会瞬间被你颠覆，从而参与到你的规则中来。

所以，玩转电商，就得具备颠覆思维，懂得制定并主导商业竞争新规则。那商家该如何做呢？

第一，发现对手的短板。在军事战争和商业竞争中，发现对手的短板是极为重要的。因为发现了对手的短板就意味着你已经找到了攻破对方的可能性。我在进入电商之前，曾经卖过自考资料和试卷。但同时有一大批人也在卖自考资料和试卷，并且他们往往抢占了有利位置，让我在竞争中不断失利。怎么办呢？我经过仔细观察，发现了他们的短板，那就是他们占据的考场外大门旁有利的位置，可以瞬间变得一文不值。我是怎么做的呢？我说服了看守考场的老头，让他直接将考场外的大门关闭，只留一个小门，而我就将摊位摆在小门边上。这样一来，将摊位摆在大门边上的竞争对手傻了眼，他们的有利位置瞬间变得毫无优势。所以发现对手的短板，出其不意攻其无备，就能在商业竞争中领先。

第二，放大对手的痛点，让其乱了阵脚。在任何竞争中，如果对手沉稳应对你的竞争，你是没有机会取胜的。只有以假象乱其阵脚，才能在乱中取胜。在淘宝、天猫平台上，为什么有的商家会毫无选择地跟着别人打价格战？因为他已经被竞争对手乱了阵脚。别人因为价格战引来了大批客户，他自己没有客户，就觉得打价格战是正确的，所以连忙投身价格战。殊不知，竞争对手可能只是虚晃一枪，其客流量并没有那么大。但是有的商家缺少流量的痛苦被放大了，他乱了阵脚，盲目参与价格战，这正好中了竞争对手的圈套。

第三，要在适当的时候，给乱了阵脚的对手以安慰，将他争取过来。商业竞争中，将对手击败是非常不错的，但最好的竞争策略不是将对手消灭掉，而是将对手争取过来，让他成为自己的伙伴。任何时候，人才都是最重要的。竞争对手能够成为你的对手，说明他在才能上是跟你相当的，甚至要比你优秀。面对这样的人才，如果只是将他打败，甚至逼他成为另一个对手阵营里的人才，那将是自己的巨大损失。所以，要在适当的时候去安慰你的对手。

在电商时代，商业竞争日新月异，互联网思维催生的商业规则数不胜数。无论怎样，竞争对手都是企业发展的不竭动力。不管是放大对手的痛苦，还是颠覆对手，企业家都应该感谢自己的对手，因为正是他们促成了你不断取得成功。

培养核心人才

随着市场竞争的日益激烈，瞬息万变的市场环境，让很多企业家开始将目光放到企业内部，注重起核心人才的培育，希望“以不变应万变”。如今，企业内部培训，已经成为很多企业经营的重点，从企业管理层到基层员工，都需要接受不同层次的培训，来熟悉企业的经营战略和文化品牌。

事实上，有很多企业已经开始与高校进行合作，通过定期将员工送到高校去培训，或者在本地建立“函授站”的模式，对企业核心人才，尤其是高层管理人员进行相应的培养。前两年，我在与某市企业家协会秘书长聊天的过程中，他透露，很多中小企业都建立起了自己的“商学院”，而据报道，很多地方政府，也都在鼓励企业建立“商学院”，如顺德就帮助科达机电等企业建立起了商学院，合肥也为英特华专门开辟了实训基地，而深圳更是率先成立了“中国企业商学院院长联合会”。

一系列的事实都表明，在新时代的商业竞争下，无论是企业，还是地方政府，都希望以“企业商学院”的模式，来应对市场转型升级的压力，为企业培养核心人才，也让高校毕业生能够更顺利地从学校过渡到企业中去。

其实，“企业商学院”并不是一个新奇的概念，早在 1955 年，通用电气公司就在纽约东部创办了自己的商学院——克罗顿维尔商学院。正是在这个集酒店与教室为一体的培训中心里，50 多年来，一代又一代的通用电气高管接受着管理和领导培训。也正是在这里，“分权思想”被融入企业管理中，最终实现了通用电子的管理变革，支撑了通用电气一直不减的市场竞争力。作为第一家企业商学院，克罗顿维尔商学院甚至被美国《财富》杂志誉为“美国企业界的哈佛”。

在通用电气的影响下，在之后的短短十年里，美国就有将近 3000 家企业成立了自己的商学院。到了如今，在世界 500 强企业里，有超过 70% 的企业都拥有不同形式的商学院。麦当劳成立的麦当劳汉堡大学，也在 2010 年 3 月进入中国，为中国市场培育本土的管理人才，如今，麦当劳中国汉堡大学也成了麦当劳在亚太地区的培训基地；摩托罗拉创始人因为一场网球比赛的失败，意识到培训的重要性，于 1979 年的摩托罗拉大学，如今已经在全球设有 14 个分校，其每年的教育经费超过 1.2 亿美元。

据统计，美国企业每年培养企业核心人才的时间，总计相当于 13 所哈佛大学的授课时间，而其每年的培训经费总计超过 500 亿美元，相当于美国高等教育支出的 50%！大量的企业实例表明，企业商学院是企业迅速提升应变能力、获得持续竞争力的必然选择。

有了美国先行者的实践，国内企业自然会纷纷效仿：2001 年，伊利集团创办了“伊利集团奶粉商学院”；2002 年，海尔集团联手对外经济贸易大学，成立“海尔商学院”；2005 年，三棵树涂料公司自办“三棵树商学院”。此后，春兰大学、联想商学院、亚信商学院、新希望商学院、美的商学院等企业商学院，如雨后春笋般出现在中国市场上。

如今，企业商学院已经不是大型企业的“专利”，很多中小型企业都开始着手建立自己的商学院，为企业核心人才提供全新的系统性培训，立足于企业情况和需要，培养自己的“专属人才”。

国内企业想要迅速提升自己的认知能力和创新能力，就必须引入“企业商学院”模式，这在很大程度上是一个迫于无奈的选择。由于国内社会教育的相对落后，一直以来，我国的人力资源虽然廉价，但其素质也普遍偏低。据统计，我国的人力资源效率不足美国的 1/5，不到欧洲的 1/6！这就造成在国际化竞争中，我国企业大多处于产业链的底层，只能跟在外国企业后面“喝汤”。

国内中小企业之所以在市场竞争中处于劣势，更多的是因为其管理上的落后，而这种管理上的落后，也造成很多单纯的员工培训，都无法为国内企业带来明显的效果。传统的企业管理培训，已经无法适应企业的持续成长，无法为企业培养出更多的核心人才，在这种情况下，企业的风险抵御能力、应变能力和创新能力，都受到了极大的限制，其市场竞争力自然每况愈下。

尤其是到了如今，由于资源限制、人口红利消逝以及整体经济形势等负面影响，国内企业一贯的成本优势也消失殆尽。正如很多人所说的，“21 世纪什么最重要？人才最重要”！在国内社会教育无法为企业培养合适的人才的情况下，英特华率先转变了自己的经营理念，通过建立学习型组织的方法，创办企业商学院，来为自己持续培养核心人才，不断提高企业的核心竞争力。

新世管道集团有限公司董事长叶进峰就正在与国内的几大高校洽谈，希望成立一所自己的、针对玻璃钢行业的企业商学院。而正如叶进峰所说，“人才一直是新世文化长期发展的沉淀。未来这种基于全行业资源为全行业服务的第三方学习机构，将成为行业企业管理、行业人才加工、行业智力输出的综合性平台。”

中交物产集团有限公司董事长陈合富也一直计划创办一所中交商学院。如今，这个计划还停留在一间集中培训的小教室里，但有着“打造百年企业”野心的陈合富，对于“中交商学院”也有着自己的设想，那就是“以中交的创新血液为土壤，培育属于企业自己的价值观和文化基因，为中交的持续发展提供能量”。

而英特华，也一直在筹备英特华商学院的成立和发展。英特华要想赢取未来的发展，就必须培养自己的核心人才。而核心人才要适应英特华的发展，就必须经过英特华自身的培养。放眼国内，淘宝商学院等为电商的发展培养了大批的人才，英特华也绝对不能落于人后，要将英特华商学院打造成极具影响力的电商商学院。作为企业“知识管理、人才加工、市场竞争的智力平台”，企业商学院必将成为企业战略规划的有力武器，为企业输送更多的核心人才，成为企业人才职场教育和终身学习的主流。

电子商务黄埔军校

很多人将企业商学院戏称为“企业界的黄埔军校”。事实上，从企业发展的角度来看，企业商学院模式确实是处于企业内部培训的高级阶段。这种以企业文化为载体、传播企业核心价值观的内训模式，能够有效地为企业培养核心人才，支撑企业的持续发展。

英特华就把自己定义为“电子商务的黄埔军校、军工厂”，其目的就是以军队化、校园化、家庭化的企业商学院文化，在商学院内部打造出更多的“军官”。英特华的中层干部，每天早晨 7:45~8:45 都要参加为期一个小时的培训课程，对于这样每天一小时的培训，英特华自然不会到外面去请老师、专家来教授，而是请商学院内部做的好得中层干部来分享经验。

对于电子商务的销售额，英特华的理解就是“流量 * 转换率 * 单价”三个方面的乘积，商学院内谁在哪方面做得最好，谁就作为晨训的老师，来与大家分享经验。

当然，英特华商学院并不只是这样闭门造车，有哪方面需要提高，英特华都会安排学生出去学习，而这些学生学成归来时，则需要将学到的内容转化为自己的语言，结合英特华的实例，与其他学生分享。如果这些学生分享得不好的话，英特华商学院还会对其进行“判罪”——“知识贪污罪”，一旦被“判罪”，英特华以后都不会安排该学生出去学习。

以上都是英特华商学院对内的教学模式，对外，英特华商学院则会进行校企合作。早在几年前，英特华商学院已经与安徽国际商务学院进行了合作，一开始，英特华商学院的校企合作模式，是将学校的学生招到公司来，并给予可观的薪资，但结果却是，那些有能力的、学得好的学生，认为外面的企业更好，就都跳槽走了，而留下来的则是一些能力中等的学生。因此，2013 年，英特华商学院又换了一种校企合作模式，英特华会与学校进行洽谈，让学校提供装修好的教室、机房以及教师公寓，然后直接安排商学院内部的教练带着店铺的密码去学校进行培训。

2013 年，我们通过安徽国际商务学院，培养了 1000 多名大学生，这 1000 多名大学生大二一结束就来到英特华的商学院。我们的教练只需要一个月的时间就能够把这些学生培养成合格的电商人员。等到孩子们大三的时候，英特华的销售额已经实现了 15 个亿，其中一半都是在学校卖出去的。而对于这些“半工半读”的学生，我们不用给他们发底薪，也不用交社保，只需要按照正常员工的标准给他们发提成，即使如此，他们每个月也能拿到 3000~5000 元的收入。而在培训一开始，我们的教练就告诉他们：“一年之后，我们只要 50% 的人，另外 50% 的人再优秀我们也不要，而成功加入英特华的学生每个月的底薪就能拿到 5700 元，其他各种福利、提成还不算。”在这样的过程里，学生每天早上 6 点就开始培训，工作一天，到晚上 10 点还要做分享，今时今日，这样的员工到哪儿找去？

当然，其中也有一些麻烦的地方，比如根据校方的要求，英特华的培训课程必须文字化、表格化、视频化，而不能像之前那样“随意”。然而，与校企合作模式所带来的效益相比，这些都是小问题，任何学生经过我们商学院培训之后，来到英特华只需要三天就可以创造生产力，而不是经过三个月的实习期还什么都做不了。

目前，英特华还在与校方进行沟通，建议校方进行转型。安徽有很多的电子商务院校，这些院校的学生都有实训的需要，这样一来，校方就可以建立一个电子商务实训基地，让安徽所有电子商务院校的学生，在其大学最后一年都来到英特华进行实训。而通过与合肥地方政府合作，英特华还能够拿到一个首期 5 万平方米的免费仓库，以及一个用作英特华实训基地的园区。也就是说，以后安徽所有学习电子商务的学生都可以来到英特华商学院进行实训，而江、浙、沪、皖等地的物流运输也可以从合肥的物流园走。

早在 1988 年，著名的企业大学研究专家珍妮·梅斯特就提出：“企业大学是一把发展及教育企业员工、客户和供应商的战略伞，从而达成企业目标及商务战略。”

在数字时代，很多电子商务企业认为自己的企业规模较小，要创办自己的商学院需要付出较大的成本，而企业有限的员工数量，也会让自己的“黄埔军校”里“生源紧缺”。英特华的看法则不同，通过建立英特华商学院这样一个电子商务的黄埔军校，英特华不仅可以为自己培养能够快速上手的核心人才，还可以从人才这个企业发展的核心要素上，挤垮竞争对手。

那么，在数字时代的电子商务世界里，电商企业究竟要如何运用企业商学院模式来培养人才、增强竞争力呢？

第一，顺应数字革命的浪潮。电子商务的优势在哪里？就在于其电子化、网络化的经营模式。而在电子商务黄埔军校里，电商企业当然要顺应数字革命的浪潮，发挥自己的互联网和信息技术优势，结合互联网和学习管理软件，为企业内训打造一个更为高效、方便的平台。

在数字时代，企业竞争的各个环节都处于电子化和网络化的趋势之中。而为了提高企业商学院的培训效率，企业在向学习型组织转型的同时，则需要以完善的信息技术设计出专业的培训评估与培训管理制度，为企业商学院提供强大的平台支持，并以网络培训的形式使企业商学院突破失控的限制，而最重要的就是，在电子商务时代，企业能够更方便、廉价地获得最适合自己的课件内容。

第二，成为电子商务的买家。张瑞敏说过，在眼下这个时代，人们已经不是“去购物”，而是“在购物”。而随着电子商务的不断发展，企业所能买到的不仅是服装、电子产品、餐饮服务，企业同样能够买到一所“黄埔军校”。

立足于电子商务在线交易的模式，企业完全可以通过英特华商学院，购买自身商学院课程所需的文字、表格、视频教程；还可以通过加盟英特华商学院，将自己的员工安排到英特华来学习。

第三，抓住企业商学院的核心。企业商学院的运作核心就在于知识和人才，这也已经成为当下商业竞争的两个关键因素。在企业商学院模式下，企业就是要学习学院组织科学的教学机制，通过不断地完善企业知识资源体系，以更为合理的知识管理体系打造企业自身的“人才生产线”，不断生产出企业需要的核心人才。

很多企业主认为企业商学院只是一个噱头，觉得即使是传统的培训模式，也能够为企业培训出合适的人才。其实不然，培根说过：“知识就是力量！”但知识是怎样作用于商业竞争的呢？这并不在于知识本身，而在于企业人才运用知识的能力和创新能力，而在企业创新活动的诸多要素中，制度是大于技术的，形式是大于内容的。一个合理、完善的制度和组织形式，能够最大限度地调动企业人才的创新能力，为企业的商业竞争提供助力。

在日益激烈的商业竞争中，面对众多竞争者的入场，电子商务的“大蛋糕”也引来了大批企业的疯抢。在这种“生死存亡”的时刻，电子商务企业就应该顺应时代潮流，以企业核心人才不断提高企业核心竞争力。在这个没有硝烟的战场上，有成功者，也有失败者，而正如英特华商学院所信奉的一点——“成功者总是为困难找方法，而失败者总是在找借口”。

口碑带动的不仅仅是销售

如今，很多企业都在设计口碑营销的竞争模式，确实，通过客户亲友之间的口口相传，企业的产品信息可以得到快速的传播与推广。由于都是亲友圈子之间的介绍，这种营销模式对于潜在客户而言，具有极强的可信度，自然也就有极高的成功率。然而，口碑带动的不仅仅是销售，还能够以此推动企业商学院模式和沙龙模式的发展，从而在传播企业文化的同时，颠覆竞争对手。

互联网的一个基本精神就是共建共享，而基于这种精神，以电子商务为引导的当代商业竞争，也出现了新的形式和思维。企业完全可以用“玩”的心态和“GAME（游戏）”的方式，以迥异于传统商业逻辑和商业道德的理解，应对新时代的商业竞争。

也正是通过这种“玩”的心态和“GAME（游戏）”的方式，英特华的口碑才能在圈子里口口相传，无论是沙龙模式，还是商学院模式，都可以玩得风生水起。当很多企业还只是简单地将口碑营销看作一种销售手段时，英特华已经将其运用到了企业文化的传播当中，吸引更多的客户加入到自己的电子商务俱乐部当中，从而将他们培养成为自己的忠实客户，这也为英特华的沙龙模式奠定了基础。

如果没有一个庞大的忠实客户的基础，英特华就很难举办起有规模的沙龙，如果沙龙没有多少人参加，竞争对手的人才又怎么会来到英特华的沙龙里做分享呢？其实，很多竞争对手的人才来到英特华的沙龙里，其目的并不是单纯地分享经验，而是将英特华的电子商务俱乐部作为自己的平台，想要从这里挖走一些客户，但结果往往是他们自己被挖到英特华的旗下，这就是英特华的口碑和魅力所在。

如果没有一个良好的口碑，英特华也很难与院校和政府达成合作，要知道，很多院校和政府在与英特华的合作当中，都是提供免费的资源供英特华使用。比如，安徽国际商贸学院就提供了免费的教室、机房、教师公寓，而合肥政府也提供了首期 5 万平方米的实训基地……之所以他们愿意给英特华商学院提供这样的资源，正是因为相信英特华商学院的口碑，相信英特华商学院能够成为他们发展的助力。

想想看，有了这样的口碑，英特华当然可以在企业文化的迅速传播中，赢得市场各方的认同，而在这种认同之下，英特华能够获得的当然不仅仅是销量，更多的还是竞争对手所无法取代的市场优势。其实，很多企业都懂得口碑营销的重要性，并学习了很多的相关知识和经验，却难免会陷入这样几个误区：

第一，只要传播就能获得好口碑。很多企业认为，只要自己认识到口碑的重要性，传播企业文化，就可以获得好的口碑，而这是口碑营销最大的误区。口碑营销的基础在于优秀的企业文化和企业产品，如果没有这样的基础，企业的口碑营销则会以失败告终。

企业进行口碑营销，其实就是借助口碑这样一种形式和手段，来帮助优秀的企业和产品进行传播，并加速好的口碑的形成。而如果只是靠口头“忽悠”，精明的消费者可不会上这样的当。英特华之所以能够在行业内部有那样的口碑，正在于其能够真正地为客户提供终身价值，为院校、政府做出成绩。

第二，忽略负面口碑的存在。口碑其实是一把双刃剑，有的企业依靠好的口碑而迅速发展，而有的企业则因为负面口碑受损严重。根据相关数据显示，负面口碑的传统速度甚至达到正面口碑的十倍，因此，企业一定要避免负面口碑的出现，并及时处理出现的负面口碑。

英特华一直避免在行业内部出现负面的口碑效应，而到目前为止，英特华的努力还是有效的。英特华明白，一旦负面口碑出现，可能之前努力营造的所有正面口碑，都会在瞬间荡然无存。

第三，口碑就像是“病毒”，一触即发。很多企业认为口碑就像是“病毒”，一旦引爆了这样的“病毒”，就能够赢得企业发展所需的销量或其他要素。但事实上，口碑只是商业竞争中的一个环节，如果把其从商业竞争中剥离出来，期望简单地以口碑制胜市场，这样的想法其实是十分想当然的。

商业竞争涉及消费者、人才等多个方面，并不是好的口碑所能解决的。英特华一直以来都十分重视良好口碑的塑造，并让其与其他的商业竞争手段相辅相成，比如沙龙模式、商学院模式等，依靠良好口碑，这些模式能够有效地发挥作用，而在实践这些模式的同时，英特华的良好口碑也会进一步传播开来。

第四，口碑是受限最少的传播方式。很多企业之所以会重视口碑，正是因为其在传播过程中，所受到的法律法规的制约、限制更少。尤其是在自媒体时代，企业更是“想写就写”“想说就说”，而无须受到限制。

但企业在进行口碑营销时，一定要有自我的道德约束，互联网貌似是一个能够隐匿自身的传播环境，但其实每个人都可以在里面被看得通透，如果企业在互联网中进行虚假宣传，一旦被发现，其负面口碑的迅猛传播，只会让企业得不偿失。

口碑对于企业而言，所能带来的并不仅仅是销售，企业必须理解口碑的重要性，将其融入商业竞争的每个环节，让各种商业竞争手段相辅相成，形成一种良性循环，而达到颠覆竞争对手的目的。

第六章

跨区域物流的新可能

OBSERVATION

OFE-COMMERCE

FROM CLOUD

互联网的自由，只是信息的自由，而跨区域物流的自由，才是支撑电商自由化发展的物质基础。过去，一封信件的收寄需要一周甚至更长的时间，而现在顺丰物流可以帮你隔日到达，甚至当日到达。物流的自由发展，已经大大方便了人们的生活，也为电商的快速发展提供了可能。再厉害的电商企业，如果物流跟不上，那也是无法跨越发展的。就如京东商城，其正是对物流体系的不断建设，才支撑京东商城的跨越式发展。因此，跨区域物流，绝对是电商发展的重头戏。

虚拟的货物

物流可以说是电子商务世界的物态支柱,起着无可替代的重要作用。在电子商务的世界里，产品的营销几乎都是通过虚拟的货物展示的，产品质量看图片、产品库存看数字、产品评价看评论……在顾客产生消费行为之前，电子商务的世界里都没有产生实际意义上的物流形态。

无论在哪种电子商务模式中，我们都可以将其交易流程分成这样六个步骤：第一，顾客搜集所需产品或服务的相关信息；第二，顾客对于各种信息进行各方面的比较；第三，顾客与商家就交易价格、交易方式、时间等要素进行洽谈；第四，顾客下单、付款，商家确认；第五，卖家完成产品的发货、仓储、运输、加工、配送等工作，顾客确认收货；第六，商家对顾客的售后服务和技术支持。

在上述的六个步骤中，“商品的发货、仓储、运输、加工、配送、收货”实际上就是电子商务中的物流过程，而在这整个流程中，这个过程也是电子商务的重要环节和基本保证。

在电子商务的世界里，顾客通常最关心的是“我今天下完订单，什么时候能收到货”。这也是马云之所以做菜鸟网络的原因，在菜鸟网络的计划中，首期投资达到人民币 1000 亿元，其就是希望能够在 5~8 年的时间里，“打造出一个遍布全国的开放式、社会化物流基础设施，建立一张能支撑日均 300 亿元（年度约 10 万亿元）网络零售额的智能骨干网络”。

英特华目前也正在合肥、深圳等地建仓，英特华会先在当地开设实训基地，来拓展自己的商学院模式，接下来则是在此基础上建造物流园——这就是英特华仓储物流公司的主要业务。由于有当地政府的支持，英特华几乎可以不花一分钱，就得到一大片已经建好的仓库。之所以能够得到这样的优待，就是因为英特华有这样的信心——“给我仓库，三个月的时间，我就给你业绩”，为什么英特华有这样的自信？英特华目前已经做到了业内第一的地步，它有把握每个月都有几万的订单从物流园里走，而三个月就能创造上亿元的零售额，这时候，英特华又能通过给予免费的仓库，组织更多的商家参与到这个物流园里。通过在不同的地方建造物流园，英特华就能保证自己平台上的每个顾客，都能够在最快的时间里收到货物。而这就是大仓储、大物流的优势。

在电子商务的世界里，由于产品的展示都是通过虚拟的货物实现的，其核心其实就是大仓储、大物流。可以这么说，谁掌握了大仓储、大物流，谁就能够成为未来的电子商务之王。那么，到底什么是大仓储、大物流呢？

第一，物流规模大。通过在各个地区建立起更大的仓储系统和物流系统，在未来，制造商的商品就不需要再存放于各个零售商的本地仓库里。由于在电子商务的世界里，产品大多是在互联网上完成宣传和销售的，在顾客下完订单之后，货物将直接由仓储物流公司就地提货配送到顾客的手中，仓储物流公司实际上已经取代了零售商的部分作用，制造商的货物只需要统一的存放在仓储物流公司的本地仓库里即可。

第二，开放性。大仓储、大物流是面向所有制造商的。当仓储物流公司在各地建造起自己的物流园时，它就不可能只从事某一家或某一行的业务，大规模的物流园所应对的其实正是开放性的业务模式。通过收集各行各业的商家的货物，物流园能够尽可能地摊薄自己的运营、管理、仓储、运输成本。

第三，“零成本”。在过去的销售模式中，由于产品是从制造商运送到零售商手中，其中可能还要经过一级代理商、二级代理商等几个环节，长途运输成本和各环节的“利益均摊”，就导致了零售商手中的货物成本极高。有些货物的零售成本与出厂成本之间的差价可能达到100%、200%，甚至更高。而在大仓储、大物流中，仓储物流公司实际上是无法决定货物的价格的，他们只是根据不同的服务标准，向商家收取固定的服务费而已，而这些服务费相比于传统销售模式而言，实在是微乎其微，商家就能够以更强的成本优势，赢得市场竞争。

第四，支柱性。随着电子商务的不断发展，很多制造商都已经成为电子商务的一环，大规模的制造商网络直销模式促生了新的“多 B2C 模式”。而在信息技术与业务模式的不断革新中，在未来电子商务的竞争中，不确定的因素实在太多。

这样的市场前景对于商家来说，既是挑战也是机遇。毕竟，正是由于未来的不确定性，商家们才有机会通过掌握电子商务里的新技术、新模式来颠覆传统电子商务巨头。而从另一方面来说，如果商家无法如此敏锐地捕捉商机，则可以通过掌握电子商务的支柱产业来稳中求进。而根据之前的分析，我们已经知道，无论在哪种电子商务模式中，仓储、物流都是电子商务的必经环节，并在其中起着关键性的作用。在大仓储、大物流的模式下，一旦物流园建造而成，在商家的集聚效应的作用下，竞争门槛也是极高的。

第五，颠覆性。在各个商业模式中，由于不同的认识，所谓的“主配角”企业的位置常常会发生颠倒。在 PC 产业刚刚兴起时，“蓝色巨人”IBM 专注于电脑硬件，而将不起眼的电脑软件、操作系统外包给了比尔·盖茨，最终主配角位置颠倒，如今微软已经远远超过 IBM；在互联网产业刚刚兴起时，主流网站都专注于做媒体和门户，而将不起眼的搜索业务外包给了谷歌公司，最终主配角位置颠倒，如今谷歌已经成为互联网产业的巨头。

而在电子商务的世界里，在过去、在现在，商家都将注意力放在“B”和“C”上，而位于中间的“2”——仓储物流，却大多外包给了仓储物流公司，那么，在未来的电子商务世界里，仓储物流是否会颠覆“B”或“C”，带领仓储物流公司成为电子商务世界里的王者呢？我们可以大胆地预测，大仓储、大物流正是有着这样的颠覆性的存在。

如果商家将自己的目光投向未来，就会发现，无论信息技术或商业模式怎么变化，都“万变不离其宗”，离不开仓储物流；无论电子商务怎么发展，仓储物流都会随着电子商务的发展而壮大。

正是看到了大仓储、大物流在电子商务中“骨骼和脊梁”的作用，英特华的仓储物流公司开创性地使用了“以物易物”的模式。在英特华的物流园里，商家无论想要什么货物，只需要告诉英特华，英特华会帮商家找到，而这些货物是不需要付钱的，只需要付出商家所经营的货物即可。在大数据的作用下，英特华会迅速找到需要这些货物的商家，将这些货物“销售”给对方。

在电子商务的条件下，以物易物的成本接近于零，这就解放了传统商业的物态流动限制。如果能够灵活地使用以物易物模式，商家在进货、销售、库存等各环节的商业效率都会得到极大的提升。

京东为什么能超越当当和亚马逊

可以预见的是，在未来电子商务世界的竞争，将更多表现为物流体系的竞争。近几年，电商大战年年打响，2012 年，各大电子商务网站纷纷发起“价格战”的竞争；而到了 2013 年，“价格战”已经成为电子商务世界里的家常便饭，除了比拼价格，电商们在速度上也开始较劲。

经过多年的发展，京东已经稳稳地站在了电子商务世界的“第一梯队”，而当当和亚马逊却已经沦落到“第二梯队”中。虽然造成这种情况的原因很多，但相比于当当和亚马逊，京东最大的优势仍然在于其物流系统的优势。

自建物流体系一直是京东制胜电子商务的核心优势，通过建造多级物流中心，京东“撒网式”的自建物流体系已经延伸到“顾客最需要的地方”。目前，京东在北京、上海、广州、成都、武汉、沈阳等地已经建立了六大物流中心，更有将近 800 个配送站点和 300 个自提点。随着京东自营城市范围的不断扩大，京东已经在 360 个城市实现了“211 限时达”、“次日达”和“夜间配”。而且，通过自营、社区合作、校园合作、便利店合作等形式，京东的物流体系已经能够满足顾客各种不同的配送需求。

物流一直被认为是电子商务的“最后一公里”，在传统的商业领域，货物成本往往在“最后一公里”急剧增加，导致产品价格急剧增高。而在电子商务领域，各大电子商务企业也开始重视对这“最后一公里”的投入。马云就曾经豪言阿里巴巴要建造“大物流”系统，而身穿 1 号店工作服的快递员在各大城市也已经屡见不鲜，易迅网也曾说要推广自身物流的优势，但在这“最后一公里”上，最为重视的仍然是京东，连京东总裁刘强东，都曾经多次担当快递员为顾客配送货物。

在 2013 年年初，刘强东就曾经公开发表声明，表示今年将在物流系统上投资 36 亿元，其中包括土地、房产和各种设备的采购，而在未来三年，京东还将投入百亿元用于全国物流系统的建设，以满足一天新增数十万订单的需求。通过完善自身的物流系统，京东相信，在未来，即使遇到“8•15”店庆日、“双十一”等电商大促销的日子，京东物流也能够有条不紊地处理顾客的订单，保证物流配送速度。

在很多小区和高校校园里都有京东快递的自提点，并且自营快递使得京东的发货、送货和退货速度快于其他很多电子商务商家。很多时候，顾客刚刚下了订单，京东的系统审核之后，几分钟之内便给顾客发了货。当天买当天到的情况更是经常出现，这极大地满足了顾客的购物心理，使得顾客更加信任京东。在购买同类商品的时候多数选择京东。

随着京东开放平台上的商家数量高速增长，以及因此剧增的货物配送需求，京东不得不不断深化自己的自建物流体系。目前，京东 POP

开放平台已经覆盖了所有品类的商品，随着各大品牌和商品的不断入驻，整个京东网站的业务量已经足以支撑起一个物流仓储公司的发展。而正是因为京东在物流和仓储上的优势，商家才愿意入驻京东平台，以更快的货物配送速度赢得更多的订单。

为了以物流效率赢得顾客的喜爱，京东在 2013 年更是推出了“三小时送达”服务，比已经推出的“211 限时达”服务还要快上两倍。在命名为“极速达”的服务项目中，在每日 8:00~20:00(以支付成功时间为准) 下单的顾客，如果选择了“极速达”服务，其购买的货物就能够在三小时内送达顾客手中；而于 20：00 至次日 8：00(以支付成功时间为准) 提交订单的顾客，选择了“极速达”配送服务，就能够于次日 11:00 前收到货物。虽然这项服务并不是免费的，需要 49 元的额外配送费用，但对于部分有紧急需求的顾客，这项服务仍然有着极大的诱惑力。

除了推出“极速达”之外，京东还计划在北京、上海、广州、武汉、成都、沈阳六大核心城市同步推出“夜间配”服务，顾客只要在当天 15:00 前下单，其购买的货物就可以在当天送达。

而与不断发力物流系统的京东相比，当当和亚马逊在物流系统上的投入则少了很多。作为“全球最大的中文网上商城”，于 1999 年正式开通的当当网，目前却一直徘徊于电子商务世界的“第二梯队”中。当当网目前已经拥有图书、音像、家居、化妆品、数码、饰品等数十个精品门类的产品，在“更多选择、更多低价”的坚持下，当当网仍然拥有极大的用户基础。

但在当当网成立初期，其一直依靠的是第三方物流模式，随着业务的不断发展，直到 2007 年，当当网的北京物流中心才正式投入运营，2010 年，当当网宣布成立位于北京、上海、广州等城市的 10 个物流中心，当当网虽然已经开始自建仓库，但其在配送环节上，依靠的依然是第三方物流公司。

当当网在物流配送上的计划仍然局限于集成配送、专用配送、外包配送、快速响应配送等几种模式，虽然有着这样的计划，但外包配送依然是当当网的主要配送模式，通过将配送外包给第三方物流企业，其配送体系确实能够更快地建立起来，而且对于新的在线零售商有着很强的吸引力。但如果零售商无法信任第三方物流公司的能力，或者无法达成良好的电子商务战略联盟关系，这一模式同样会成为商家入驻当当网的阻碍。

成立于 2000 年的卓越网在 2004 年被亚马逊收购，成为亚马逊的全资子公司，并更名为卓越亚马逊，在亚马逊全球领先的网上零售专长与卓越网深厚的中国市场经验的结合中，卓越亚马逊却没有表现得如人们预期中的那么抢眼。

从物流体系上来看，卓越亚马逊的配送体系包括货运、自有配送、第三方配送三部分。但在一般的大中城市，卓越亚马逊上的货物仍然需要 2~3 天才能送达到顾客手中。与当当网相同的是，亚马逊同样是自营仓库，只将配送环节外包到第三方物流公司，而且其也有自己的物流配送体系。但其自有配送体系只为北京、上海、广州等一线城市的顾客服务，在其他地区，亚马逊则会根据各项考核指标，选择不同的物流公司进行合作，并会在加急订单上标注明显的红色标识，便于这些货物的快速配送。

从物流体系上来看，当当和亚马逊与京东之间，还有着明显的差距。当京东已经能够基本保证一日送达，并推出了“211 限时达”“极速达”等快速配送服务时，当当和亚马逊的物流周期仍然长达 2~3 天。

仓储物流在电子商务世界里的重要性已经越发突出，而京东早已开始布局自己的自营物流体系。而通过开放自己的物流平台，让京东上的商家都能够享受到京东物流的高速和便利，京东吸引了更多的商家入驻，京东完善物流系统也有了更强的动力。而随着商家数量的增多、物流体系的完善，顾客也会更多地选择京东，在这样的良性循环下，京东拼得过当当和亚马逊也是理所当然的了。

降低心理成本，不断给你的客户惊喜

众所周知，当客户在购买产品时，实际上有一个从产生需求到寻找信息、判断选择，最后决定购买并实施购买的过程，而在这之后还有关于购后感受之类的复杂情感。这些精神方面的耗费与支出，也就是客户的心理成本。

为了能够购买到满意的产品，客户总是会“货比三家”，尽可能多地搜集与所需产品相关的信息，并进行相应的比较和判断，以防购买到不合格的产品，或者遇到态度不好、不真诚的商家，即使在购买产品之后，客户也会担心万一产品出现问题，商家是否能够给予良好的售后服务。这一切的一切，都造成了顾客的心理成本的增加，而降低了客户的让渡价值。

客户让渡价值也就是客户所感受到的实际价值，一般来说，客户让渡价值也就是客户购买总价值与购买总成本之间的差额。客户在购买产品时，并不会简单地考虑购买产品所需的货币成本，还包括时间成本、精神成本、体力成本等购买成本，而客户又希望自己的需求能够得到最大限度的满足。客户在选购产品时，总会从价值和成本两个方面进行比较，从而找出“价值最高、成本最低”的产品，因此，商家能够给客户提供更大的客户让渡价值，也就能够在市场竞争中占据更有利的地位。

很多商家都明白市场竞争中的一个重要因素，那就是成本，通过不断地降低成本、降低价格，从而在保证利润的前提下获得价格优势，这就是通过降低客户购买产品的货币成本，来提高自己的客户让渡价值。但在“价格战”打得如火如荼的今天，很难说有哪家商家就真的拥有超低的销售成本，很多商家其实都是在“赔本赚吆喝”。那么，在客户的货币成本无法降低的情况下，则需要通过降低客户的心理成本，来给予客户惊喜，吸引客户来到自己的店铺里消费。

而通过大仓储、大物流，商家则能够有效地降低客户的心理成本，给予客户不断的惊喜。至于怎么降低客户的心理成本，从而提高客户的让渡价值，我们可以从以下几个方面来看：

第一，风险成本。客户在选购产品时，通常会害怕购买到自己不需要或者不适合自己的产品，而这类的风险也是普遍存在的。很多客户在看到某种商品的优惠信息之后，就会在冲动之下下单、付款，等到了手之后，才发现这并不是自己需要的，或者是不适合自己的，当出现这种情况时，可能因为商家不包退换，或者快递成本太高，很多客户就只能“自买苦吃”。当客户感到自己购买的产品对自己没有用时，产品的价值就会大打折扣，这与产品的质量、品牌等因素都没有关联，有的客户甚至会感到极大的“不幸感”。

而通过大仓储、大物流，由于商家的产品都是放在当地的仓库里，这就使得商家的物流成本几近于零，那么，商家就可以大胆地给予客户“包退换”“退换货免邮”的服务。这样，既然商家包退换，而且不需要自己出邮费，客户的风险成本就能够得到极大的降低，这就极大地提高了商家的客户让渡价值，增加了自身的市场竞争力。而在大仓储、大物流的环境下，商家能够轻易获得这样的竞争优势，并且不需要为此付出多少成本。

第二，转换成本。对于客户来说，无论质量多好的产品，客户都不可能用一辈子。客户在购买了某件产品之后，总会在未来的某一天，需要购买另一件产品，而对于某些价格昂贵的产品，客户也会考虑在转售时所耗费的难度和成本。转换成本其实更多地都是体现在一些价格昂贵的耐用消费品上，比如一位客户攒了很久的钱买了一辆小轿车，可才开了两年，他又对越野车情有独钟，可是，这时候卖掉小轿车的话，小轿车将贬值一半甚至更多，而且，即使卖掉小汽车，他也没有钱去购买一辆越野车。

类似的情况时常发生在每一个家庭中，高昂的转换成本使得顾客容易在对某一种产品钟情的时候放弃对其他产品的了解和购买。因此通过降低转换成本来获得更忠诚的顾客。

然而，在大仓储、大物流的前提下，商家则可以做得更好。在英特华打造的物流园平台上，商家可以与其他商家做到以物易物，来降低自己的进货、销售、库存等成本。那么，商家是否能够开创一种模式来降低客户的转换成本、提高客户的让渡价值呢？如果商家在物流园里开一个二手产品交易市场呢？设想一下，并不是所有的商家都经营着新产品的销售，很多商家也会从事二手产品的回收、再加工、再销售等业务，而在以物易物的英特华物流园里，商家当然可以承诺客户“以旧换新”，来降低客户的转换成本，并快速将自己不需要的旧产品转售出去或者是换来自己所需的新产品。

第三，反向转换成本。对于客户购物过程中的转换成本，商家还可以反其道而行，通过提高客户的转换成本，将客户黏在自己的店铺里。转换成本不只是从某一种产品转换到另一种产品的心理成本，还有从某一种消费习惯转换到另一种消费习惯的心理成本。这部分心理成本常常被商家所忽视，其实其中“大有文章可做”。

无论是在电子商务的世界里，还是在其他行业的营销活动中，商家都会发现，客户的购买行为往往有悖于“理性人假说”，情感作为一种心理需求，对于客户最终的消费决策有着极大的影响，而这种影响力通常是难以用模型或统一的标准来描述的。

在了解了转换成本之后，有些商家可能会想，如果自己能够极大地提升客户的转换成本，是否可以让客户放弃更换商家，一直购买自己的产品呢？这当然是可以的，事实上，关系营销就是一种增加客户转换成本的营销模式，利用客户的情感需求，可以很好地累积客户的转移成本。

客户其实是生活在一个兴趣各异的群体之中的，而这个群体内部却有着一套共同的规范、价值观和信念等，群体的看法往往会成为客户的消费行为的基础。这看起来似乎与物流的关系不大，但如果客户所处的群体在网购过程中，都是次日收货甚至是当日收货，客户是否还会轻易地去选择其他需要 2~3 天才能收货的商家呢？

第四，时间成本。顾名思义，时间成本就是客户购买产品所耗费的时间。在“虚拟的货物”一节中，我们已经分析过电子商务必要的六个流程，也就是搜集信息、比较信息、交易洽谈、下单购买、物流运输及售后服务。这六个流程也是客户购买产品耗费时间的几个环节，搜集信息、比较信息都是客户自主完成的，商家很难缩减这一环节的时间成本。

而在电子商务技术与模式都发展得相对成熟的今天，交易洽谈、下单购买、售后服务所耗时间都已经十分有限，尤其是在大数据作用越发重要的今天，根据客户的注册资料，商家可以预先为其设定个人信息和财务信息，开发出更智能化、人性化的客服系统，并辅以人工客服系统，则可以有效缩减客户交易洽谈所需的时间成本；当顾客决定购买时，则可以通过“一键下单”模式完成，不需要重复填写个人资料和确认；在售后服务中，商家也可以通过这样一套系统，快速将客户与所购买的产品相匹配，从而给予更加精准的售后服务。这些服务其实都可以通过现有的信息技术来实现。

那么，要降低客户时间成本，其最关键的就在于物流运输这一环节。大仓储、大物流的最大意义，其实就在于其极大地提高了电子商务中，物态流动的效率。通过建设自己的大仓储、大物流，京东能够推出 3 小时到达的“极速达”服务，甚至有继续推出两小时到达服务的计划。而在英特华正在打造的布局全国的物流园中，商家也能够通过将产品保存于各地仓库，来实现产品的快速送达，从而降低客户购买产品时，在物流运输环节上所耗费的时间成本。

客户在选购产品时，其实并不只是在比较购买产品所需的货币成本，尤其是在“价格战”成为电子商务世界的家常便饭的今天，商家想要以价格优势取胜实在是苦难之极。事实上，在如今的商业环境中，客户是否购买一件产品，更多的是受其心理成本所影响的。而依靠大仓储、大物流，商家则可以不断地降低客户的心理成本，甚至是实现“零心理成本”，来给予客户不断的惊喜，让客户认可甚至是喜欢上自己，成为自己的忠实顾客。

整合商品要有个性

物流环节一直被认为是商家利润流失的一个主要环节，由于需要耗费大量的仓储和物流成本，很多商家的利润都因此而消耗殆尽。在过去，即使是物流从事者，都以相对微观的眼光看待物流体系，局限于一城一市，或某种产品。但在新时代下，商家应该从更加宏观的角度考虑自己的物流环节，利用更为个性的商品整合体系提高自己的市场竞争力。

从目前的电子商务市场来看，第三方物流仍然是市场上的主流手段。第三方物流公司拥有强大的运输能力，而且已经拥有遍布全国的运输、配送和仓储网络。利用第三方物流，商家确实可以极大地利用外部的社会资源和服务，而在第三方物流的规模效应下，其物流服务也相对廉价、物流技术也相对成熟，商家能够因此有效地减少内部交易成本和管理成本。

然而，着眼于未来，整合是物流体系的必然趋势，这也是英特华大力打造物流园的原因所在。眼下很多的大型物流中心，其建筑面积都已经超过 10 万平方米，内部更是有上千台高速自动化物流设备在运作。

利用这样的物流系统，商家可以更快地整合自己的商品，将商品迅速配送到客户手中。

随着电子商务的蓬勃发展，中国物流行业同样发展迅猛。根据德勤会计事务所和国家邮政局发展与研究中心的联合报告《中国快递行业发展报告 2014》显示，“2013 年，中国快递服务企业累计完成业务量 92 亿件，市场规模升至世界第二位，同比增长 61.6%。中国快递行业创造的总营业收入达人民币 1442.2 亿元，同比增长 36.6%。从业务量来看，市场由民营快递公司主导；2013 年，民营快递公司占市场份额的 78.9%，国有企业占 19.9%，外资企业占 1.2%。”

中国快递行业目前拥有 8000 家左右的企业，随着成本压力的逐渐增加以及利润挤压越发严重，整合将成为中国快递行业的必然趋势。在 2014 年的前 3 个月，中国快递行业就已经发生了两笔并购案，其交易额达到 5000 万美元，而国内快递行业并购交易额过去 6 年的平均值仅为 3700 万美元。

物流整合的加速发展，就为商家的商品整合提供了便利。在目前的电子商务市场中，比如天猫的商家，其仓库大多都放在自己所在的地方，当客户下单之后，产品才会从这里发送出去。但与英特华这样的大型物流园合作之后，商家就可以利用英特华的仓库，将自己的产品储存于全国各地，尤其是北京、上海、广州这样的物流中心，从而实现快速配送。

而为了更加有效地配置和利用现有的产品资源，商家就需要有计划地将产品在全国各地的仓库之间进行流通，将“多余的”产品转移到有需要的地方、将“卖不掉”的产品转移到有多余存储空间的地方，从而提高销售、运输的效率。有效的商品整合，能够加速自己的库存周转，在降低物流投入的同时提高销售利润，业绩的快速增长也得以实现。

虽然很多商家已经意识到商品整合的重要性，并开始着手实施自己的商品整合计划，但有些商家对于商品整合的认识仍然存在误区。最常见的误区就是商家认为要保证所有产品在各地都拥有足够的库存，最起码也要做到“不断码”，但这样的做法往往会造成频繁的商品调拨，比如甲地仓库有 100 件 XL 码的某款服装，而乙地仓库这款服装 XL 码的库存只剩下 40 件，商家可能会为了避免乙地客户无法即时收货，而从甲地调拨 30 件到乙地，但结果可能是，甲地突然销量猛增，剩余的 70 件迅速卖完，又需要从乙地调拨 35 件回到甲地……这样的商品整合行为只会造成人才、物力、财力的浪费，而无法提高商家的物流配送效率，尤其是一些“畅销款”，其库存量是有限的，各地仓库都“不断码”几乎是不可能的。

还有些商家的商品整合计划仍然不成熟，沉迷于眼下的销存状况，而忽视了自己的订货计划与推广计划。如果只根据销售与库存状况来进行商品整合，而忽视了订货计划，可能你刚把某款商品从上海运往广州，第二个星期，你就又从广州购进了这款商品，这就导致了商品整合效率的降低。如果只根据当前的状况进行商品整合，而忽视了推广计划，可能你刚把某款旧款商品调拨过去，就推出了新的“主推商品”，在库存总量的限制下，你又要把旧款商品调拨回自己的“总仓”。

更有些商家在进行商品整合时，只是纯粹地为了调拨而调拨，而没有明确的调拨计划或调拨标准，这就使得商品整合失去了应有的效用。

那么，商家到底要怎样做到个性化的商品整合呢？

第一，调拨计划。商家在进行商品整合之前，首先要根据自己的商品推广与促销计划，制订好一个合理、可行的调拨计划，以改善各地仓库的库存结构，从而实现快速响应各地客户的目标。

而要制订好这样一个调拨计划，商家就需要对商品类别、累计购进量、累计销售量、现库存量等一系列数据进行统计，分析各品类商品的销售进度。在此基础上，商家可以按照商品的销售进度和各地仓库的库存情况，进行调拨。

第二，物流配送。无论在何种电子商务模式下，商家的商品都需要通过物流配送到客户手中，无论是通过自营物流系统、第三方物流公司，还是其他方式，商家都必须保证商品能够安全、准确地从仓库运输到目的地。

而在商品整合过程中，商家就不能单纯地将物流外包给第三方物流公司之后，就不管不顾了，而要对费用开支与产出比，以及安全性、投诉处理成本、及时性等问题进行详细的考虑。通过统计物流配送能力、各地仓库之间距离、常用配送网店等信息，并对此进行量化评估。具体来说，商家首先可以根据各品类商品在各地的销售进度，计算出各地仓库的配送频率，以提升商家的物流配送效率。

除此之外，商家还需要制定一个完善的物流配送制度，包括调拨计划、订单、商品交接、次品处理、账务核实等多个方面，来保证物流配送的合规性，防止制度缺失造成不必要的损失。

第三，执行反馈。在实施了商品整合计划之后，商家就需要通过与各地仓库的负责人的交流，及时地搜集计划实施效果信息，包括各地仓库调拨计划的执行情况、商品的储存情况、物流配送效率情况等。通过各地仓库的反馈信息，不断完善自己的商品调整计划。

商品整合已经越来越受到商家的重视，商品整合并不只是局限于商品推广环节，也不只适用于服装类商品。当物流成为电子商务世界竞争的关键环节时，商家就需要将商品整合运用到物流之中。

目前，大多数商家都会采取自营仓储、配送外包的物流体系，确实，这种方式能够在保证较高的物流配送效率的同时，极大地缩减商家的物流成本。然而，在大仓储、大物流时代下，商家如果再以这样的微观视角看待物流环节，则会因为过低的物流效率，失去市场竞争优势。

英特华在打造大仓储、大物流的物流园时，正是为了让圈子里的商家能够把自己的仓库拓展到全国。如果商家在北京、上海、广州等地都拥有自己的仓库，那么，在完善的商品整合过程中，商家的商品就可以在最短的时间内送达客户手中。当商家已经通过降低客户心理成本，在客户让渡价值上获得优势时，再配上“次日达”这样的配送速度，客户又怎么会不黏在你的店铺里呢?

如何设计好你的玩法

随着电子商务的不断发展，B2C 已经成为很多商家进军电子商务市场的主要商业模式，但在 B2C 的飞速发展中，物流环节却出现了严重的“脱轨”，无法与商家迅速扩张的 B2C 业务相匹配，这就需要商家设计好自己的玩法，挖掘跨区域物流的新玩法。

B2C 行业已经成为人们公认的商业购物的新的增长点，虽然中国电子商务发展多年，B2C、C2C、B2B、O2O 等模式层出不穷，在其不断的自我完善中，已经能够满足客户的基本需求，但在此之外，物流环节却成了客户投诉的热点。

B2C 行业的基本特点就是方便、快捷，并拥有海量的信息支撑自己的大数据模式，对于大部分商家而言，信息流和资金流都能够得到轻松、快速的解决，但物流却成为 B2C 行业确实的短板所在。

有业内人士就直接指出：“物流行业内的‘揽货’竞争和压力使得物流行业处于低利润边缘，这直接导致其无法提供以客户体验服务为首位的一系列增值服务，从而引起客户的投诉；而在高度信息化和快速响应顾客的市场发展需求下，以人为主的繁重、烦琐和手工式的简单传统物流管理和运作模式也已经显得‘落伍’。部分 B2C 企业一直做不起来，很大程度上归因于物流无法及时且快速响应，无法准时提供到货保证，这也成为顾客放弃选择 B2C 的主要原因。”

京东商城总裁刘强东更是在微博中直言：“目下整个电商行业一片物流哀鸿之声，物流短板不仅仅是单一企业问题，而是全行业问题。”

商家们都知道，物流运输是 B2C 中最为重要的一个环节，但也是如今 B2C 行业最为薄弱的环节，很多商家在谈及物流环节时，都会感到头疼。而如京东、凡客、红孩子等电商企业，早在成立之初就已经开始着手自建物流系统，并严格规范自建的物流服务。

京东在物流方面的投入已经无须赘述，从很大程度上来说，京东之所以还陷于亏损的泥潭中无法自拔，很大原因都是其在物流方面的大规模投入。而服装 B2C 代表企业凡客，也已经在全国各地建立起了自己的物流中心，早在 2010 年，凡客自建物流的配送量就已经占到了其配送需求的 80% 以上，凡客也已经通过投资全资子公司，来运营自己的物流配送业务。

很多 B2C 商家在成立之初，就已经抓准了物流在电子商务中的关键作用，未雨绸缪地着手打造自建物流，但自建物流其实只是 B2C 商家的无奈之举。如果第三方物流公司能够有效保障物流市场供应的及时性和准确性，B2C 商家当然会更多地选择第三方物流公司，而不是选择自建物流这样费时费力的方式。

互联网的一大特征就在于共享，而电子商务其实也是一个共建共享的过程，既然如此，商家们当然可以以共建共享的精神来打造自己的物流新玩法。英特华在打造物流园的同时，其实就是为圈子里的各个商家提供一个共建共享的机会，通过完善物流机制、优化资源配置，不断地降低商家的物流管理成本，从而提升商家的经济效益。而这样的新玩法究竟是怎样玩起来的呢？

第一，多模式服务。一般来说，物流配送环节可以分为8小时送货、24小时送货、48小时送货及机动送货等几种模式。而在实际运营过程中，商家则可以通过英特华这样发展成熟的物流园，根据各地需求情况、库存情况、车辆配置以及道路交通等因素，选择不同的模式为客户提供配送服务。

而在大仓储时代，随着自动化仓储、分拣设备效率的不断提升，商家就能够依靠这些技术实现个性化、多模式的配送模式。在物流环节，商家必须注重的就是自己的库存周转效率、仓库空间有效利用率等数据，立足于大仓储、大物流时代的新玩法，以更为灵活的配送模式提高自身的物流作业效率，从而提高服务质量。

第二，物流管控一体化。通过各商家之间的共建共享，商家的产品就可以进入全国各地的仓库之中，并利用当地的配送力量为客户提供更高效的物流配送效率，并极大减少自己的物流成本。但由于仓储、物流、配送遍布于全国各地，这就对商家的物流管控能力提出了更高的要求，商家需要以物流管控一体化的手段，进一步提高物流管理的效率。

物流管控一体化首先要对自身可利用的仓储、物流资源进行分区，可以按照省市行政区或者华东、华西片区，或者其他方式进行分区，然后建立起片区管控、配送中心、物流执行设备间等三个层面的物流管控体系，以全线贯通的信息一体化方式，对物流环节进行管理和执行。

物流管控一体化必然是一个自上而下的过程，首先，商家的片区管控单位，需要构建起一套统一的绩效标准、服务标准、成本标准、作业标准管理信息体系，以这样的信息技术来支撑规模化、标准化、专业化的物流体系；其次，配送中心的任务则更多地侧重于物流运作的有序调度，包括产品调拨计划等，不断地提高配送效率、改善配送服务，来优化物流成本结构；最后，执行层则需要准确地执行上级制定的物流作业任务，正确地执行、反馈物流作业任务信息。

这种由上而下的物流管控体系，横贯物流管理、调度、执行三个层面，能够形成一个闭环的物流管控体系。

第三，区域物流能力共享。在一个城市的周边，在不同的地区，都存在着不同行业的仓储配送中心，比如城西可能有一个食品仓储配送中心，城南有一个医药用品仓储配送中心，而城东则有个服装仓储配送中心。其中每种商品的仓储配送中心都有着各自的特点，但与此同时，它们之间同样存在着一些共同点。

仓库的主要功能当然是储存产品，在传统的仓储配送体系中，不同的产品都有着不同的仓库，而由于产品或者行业的差异性，每个配送中心之间的信息也是相互隔离的。商家只能将食品送往城东、将医药送往城南、将服装送往城东。而这样“划江而治”的配送中心往往会造成仓储配送资源的大量浪费，因为这些仓储配送中心很难抑制处于满负荷运转状态。

在这种情况下，如果这些食品、医药、服装等不同行业的商家都将自己的仓储配送资源整合到一个物流园中，就能够共享各自的仓储配送资源，在提高仓库的整体利用率的同时，减少仓库的运营成本。然而，即使这样的物流园建成，也有不少商家会“嫌麻烦”，而放弃入驻，继续固守自己的“一亩三分地”，有些商家即使进入了物流园，也不会共享自己的商品、库存信息，在这种情况下，物流园很难具体掌控每一种商品的存量及供销情况。

这时，物流园则可以建立一个商品信息平台，对商品的物流配送信息进行宏观上的把控，并根据商品条件或性质，对物流园进行优化管理。比如，设立一般用封闭式库藏、保温库房、一般危险品库房等，在库房储存压力较大的时候，也可以将没有特定储存条件的商品储存于其他有空闲储量的库房。

通过将区域内的物流资源整合到一起，让商家在共建“物流园”的过程中，共享大家的物流资源，以提高自己的物流效率，节省物流成本。

第四，商流、物流和信息流的无缝衔接。物流是电子商务发展中的一个重要环节，但并不是唯一的环节，商家要极大地增加自己的经济效益，就不能只是“站在物流上看物流”。电子商务发展的本质，就是在不断提高服务质量和效率、满足客户日益增强的个性化需求的同时，降低整体物流运行成本，增加自身的利润空间。从这个方面来看，商家就需要“站在商流、物流和信息流上看物流”，通过商流、物流和信息流的无缝衔接满足自身发展的本质要求。

这就需要商家在物流与营销系统之间进行有效的衔接和互动，比如将配送模式与访销模式相统一、将配送区域与访销批次相统一、将配送线路与访销顺序相统一、将分拣调度与订单结转相统一、将配送单据处理与批量扣款相统一、将发退货确认与业绩核算相统一等等。

要玩好电子商务，商家就必须着眼于物流资源共建共享。虽然目前的电子商务市场距离这样的共建共享还有一定的差距，但当全行业的商家都发现这一点，并努力为此而奋斗时，这个目标就不会太远。

如果商家拥有与别人共建共享的魄力，就能为其他朋友多谋一条出路，关键时刻，这些朋友也会为你谋一条出路。英特华正是为了打造这样一个圈子，让商家们在共建物流园的过程中，从物流资源的共享发展到全资源的共享，以促进圈子里各商家的共同进步。

第七章

自媒体时代商家与客户的新关系

OBSERVATION

OFE-COMMERCE

FROM CLOUD

新形势下的营销局面让商家与客户的关系悄然发生了变化。过去的卖方市场的思维早已不再适应当今时代的发展。客户的需求成为商家追求和挖掘的宝贵资源。一个个客户，就是一个个自媒体，他们作为客户，对商家产品的销售有着至关重要的影响。甚至，客户可以直接转化为代理商，让企业的规模进一步扩大。

客户信任重建，构建新客户关系

在这个互联网高度普及化、信息技术仍在不断进步的年代，电子商务随之而起，迅猛发展。在 web2.0 的时代背景下，自媒体时代悄然无息却不可避免地出现了，自此，每一个互联网的用户都扮演着两个角色——既是接受者，也是发布者。

在电子商务笼罩下的各个消费者已经表现出了自主的特点，且随着电子商务的发展，越来越主动。立足于此，电子商务的运作者就需要重建与顾客之间的信任，构建全新的顾客关系。

自媒体时代下，商家与客户的新关系的本质就在于客户的信任，通过不断提高客户对商家的满意度，并将客户的这种“好感”转化为经济效益，从而提高商家的业绩。然而，客户的信任并不会自动转化为商家的经济效益，英特华在构建新客户关系中，引用了“净推荐值（NPS）”这样一个概念，净推荐值也可以被称为净促进者得分，是一种计量某个客户将会向他人推荐商家的可能性的指数。也就是说，净推荐值越高，商家的顾客就越有可能向他人推荐这个商家，从而通过这种口碑效应促进企业成长。

某咨询机构在对十多个产业下的135个企业进行调查研究后，结果显示，净推荐值越高的企业，越容易超越竞争对手，而在个别行业，净推荐值最高的企业的业务增长速度，甚至能够达到同行的三倍以上。净推荐值对于商家业绩提升的作用，不可小觑。在新媒体时代下，商家必须与客户之间拥有这种信任，才能加速自身的经济效益增长。

然而，由于电子商务多年来的迅猛发展，很多客户都曾受到过电子商务的“伤害”，在这种情况下，商家想要获得顾客对自己的信任，首先就要让客户感受到自己的诚意。如果在沟通的过程中，发现客户想要更加全面地了解你的产品，你就需要及时地给予详尽的回答，并对顾客提出的各种疑问做耐心的解答；如果客户想要某种售后服务，你也需要尽可能地给予满足或者解释。商家在与客户的交流中，一定要表现出自己的诚意，不需要说废话，更不能态度不佳，只有当客户感受到你的真诚时，他们才会重新信任你。

第一，自信与专业。“自信的开始等于成功了一半。”在与客户的沟通交流中，电子商务的运作商家首先要表现出自己的自信。自信的力量是强大的，直接向顾客展示这种自信的精神面貌是尤为重要的。因为自信的商家会在无形中向客户传递出具有超强感染力的自己，使得客户对你的产品也充满自信。这种无形的强大力量一旦形成，就会像磁石一样吸引顾客。

如果一个商家在和顾客的接触过程中不能非常熟练自信介绍自己的产品和服务，是不会被客户所接受的。商家对自己的产品和服务都没有足够的信心的话，客户如何相信和接受你呢？每一个商家都要记住，客户不是傻瓜，不会在连推销者自己都没有信心的产品和服务中多花一分钱。

因此，在商家和客户交流的过程中，一定要保持这样的信念："我是这个行业里最优秀的，我一定会取得成功；我所在的商家是这个行业中最优秀的，我们向顾客介绍的产品和服务一定能够赢得顾客的喜欢和赞美。"如果商家能将这样的信念深刻地印在自己的脑海中，形成一种自信的习惯。那么，不需要任何刻意的行为，其言行也会自然而然地加深客户对自己的信任。

当然，单纯的自信是不够的，商家不可能在与客户的交流中，简单地说："我是最好的，我们商家是最好的，我们的产品和服务是最好的"，而对于客户的专业性提问却一问三不知。这种缺乏专业的自信，只会让客户感到"华而不实"，最终适得其反。商家需要不断提升自己的专业素养，让客户在与自己的沟通中能够有所收获，从而提高客户的信任度。

第二，坦诚自己的不足。古语有云："金无足赤，人无完人。"很多客户可以接受商家有小缺点或者不足，但是对于那些撒谎和吹牛的商家是极其厌恶的，商家一定要记住这一点。有些商家在与客户的交流中，总是想要塑造自己的"超人"形象，对于自身存在的不足极尽掩饰，对于客户提出的问题和要求几乎全部应承下来。从表面上看，这样一个完美的商家似乎更能得到客户的信任。但在现实生活中，无论是什么样的人或什么样的产品，都有着或大或小的不足存在，"太过完美"只会凸显出自己的不真实，从而受到客户的怀疑。

其实，在客户挑选商品时，更倾向于有一些不足的商家，只要这些缺陷在客户可接受的范围内，商家的形象就会显得更加真实，从而得到客户的信任。当然，这并不等于商家要刻意去表现自己的不足或者将商品的细节对顾客全盘托出。重点是要坦诚，不是掩饰和撒谎。

第三，给客户选择的机会。很多商家在与客户交流时，一味地强调自己是客户的唯一选择或者说最佳选择，这无疑是商家高度自信的一种表现，但从客户的角度来说，商家这种“唯我独尊”的信心，给客户带来了极大的压力，这会使双方的沟通过程出现阻碍，不能有效地沟通，最终使得二者走向不欢而散的结局。

在和客户交流的过程中，商家可以尽可能详细地阐述自己的优势，但不可夸大其词。接下来，商家最不需要做的就是帮客户下结论，商家应该给客户中肯的建议，建议客户从其他渠道了解更多的信息，并且进行比对。在比对了方方面面的信息之后，做出正确的选择。通过这种给予客户自主选择的权利的方式，能够使客户在一种轻松愉快的状态下和商家进行沟通交流。这样的方式能够为商家带来更多顾客有效交流的机会，双方也会产生一种紧密的相互信任的合作关系。

客户的信任是商家能否取得良好业绩的关键，在自媒体时代下，商家应该以客户的信任为先，而不是只顾短期的经济效益。当商家与客户建立了这样一种新的客户关系之后，实现更快的增长也变得游刃有余。

实现转变，顾客变代理商

市场上大部分的商家在进行营销时，都会将广告宣传的手段作为重点宣传方式。同时使用当今流行的微博营销、微信营销等新型营销模式。然而大部分人有所不知的是，如果商家已经成功构建了新的客户关系、获得了客户的信任，就可以用更小的代价取得双倍、三倍甚至更高的利润。

英华特的很多客户在和其合作的时候，都会提出想要购买英华特的股份，成为英华特的股东，为英华特的资本运作出些力。很多商家的培训都是三天两夜甚至更少，但是英华特的培训通常是四天三夜。很多人不禁会问，这多出来的一天究竟是用来做什么的呢？其实，这一天就是用于让所有培训的人坐在一起梳理和研讨的。每个人每月至少在英华特参加一次这样的聚会，大家相互加深联系，逐渐行程一个圈子，让二流、三流，甚至很多不入流的企业最终成为一流的企业。

英特华打造的这个圈子是免费的，却能够给客户带来真正的终身价值。通过赢得客户信任，英特华就能够赢得客户的信任，再推动客户介绍更多的客户进入这个圈子，让大家可以一起高速发展。而且这些客户带来的客户，往往需要的营销成本更少，得到的利润却更大，并且可以长期发生作用，英特华的客户实际上已经成为他们的代理商，而这就是英特华运用新客户关系加速经济增长的模式。

然而，正如前文所说，客户的信任并不会自动转化为商家的经济效益，在调查中，同样有一些商家的净推荐值很高，但他们的增长速度却不尽如人意。

之所以商家重建了客户信任，却仍然没有收益，其关键在于顾客的情感与行动的脱节。净推荐值高，说明商家得到的客户信任越高，客户对商家感觉良好，也愿意与商家进行长期的业务合作，同时，他们也会在日常生活中与亲友分享自己与商家合作的经历。然而，这些都只是客户的“情感”，而商家要从中获得效益，还需要客户在拥有这些“情感”后，采取相应的“行动”，这就需要商家的推动。

当商家拥有了客户的信任之后，无疑就拥有了构建新客户关系的必备条件，但想要将这种关系变为商家经济效益的助力，就需要推动客户成为企业的“代理商”。

第一，客户推荐计划。很多情况下，虽然客户对商家有偏爱且信任，但是大多数客户不会主动向自己的同事和朋友推荐这个商家，这种情况对于商家来说是不利的。此时，就要求商家为这类客户搭建一个“舞台”，鼓励他们主动去推荐。这也就是去建立一个客户推荐计划，让客户主动成为自己的代理商。

例如，一个从事健康管理服务的商家，可以设置一个会员制度，让自己的老顾客成为自己企业的会员。并且规定凡是通过企业会员推荐来的顾客，都可以享受一套价值不低的身体检查套餐。在这种方式的刺激下，绝大多数老客户都会主动向自己的亲朋好友推荐这个商家。毕竟，即使不在商家有任何的消费，还能够赚得一个免费的全身检查，这样的便宜谁都不会放过。

很多人会问，那么商家一直做如此的免费体检会不会入不敷出呢？这样的担心是没有必要的。因为即使体检是免费的，商家却拥有了一个向新客户介绍自己产品的机会。商家可以充分利用这个机会，一边为顾客提供专业而优质的体检服务，一边向顾客阐述健康管理的必要性。并说服客户将他们的健康交给专业的健康管理企业来管理，借此推销自己的健康产品。仅仅通过提供免费的体检，使得商家获得了大量的新客户，这些新客户为商家带来了高额的潜在经济效益，并且只需要商家动动嘴皮子，就可以将这些潜在的经济效益非常可能转化为实际的经济效益。用低成本的体检和低费用的营销手段获得了新顾客的信任，这种不会亏本的生意，商家何乐而不为呢？

第二，激励计划。出于作为亲友的义务，在客户推荐计划下，很多老客户会向自己的亲友推荐商家，但这样的方法仍然无法调动一部分老客户的积极性，这时候，商家就可以出台一套激励计划，让老客户在利益的驱使下，做出推荐的行动。

激励计划说明白了，其实就是老客户推荐新客户，就可以从商家这里得到奖励。同样以健康管理企业为例，凡是老客户推荐来一位新客户，就可以拥有多少元的代金券，用于享受企业提供的健康管理服务；或者是贴出一张大海报，宣传一套养身效果很棒的“非卖品”，这套“非卖品”只能够通过推荐新客户获得；或者是通过排名，给予推荐新客户最多的老客户以极具诱惑力的奖品，而每位客户的推荐数量在活动截止前又是不公开的，老客户为了这套奖品，就会更主动地推荐甚至是“鼓动”自己的亲友来体验商家的服务。

第三，开发更丰富的方法。商家在使用推荐计划和激励计划的时候要会灵活变通，根据客户变得不同，而采用不同的方式。单一的客户推荐计划或者激励计划，往往无法推动所有的老客户的情感转变为自主的行动。这时候，商家就要开发出更丰富多样的方法，满足不同客户的需求，推动顾客主动成为商家的代理商。

从客户的角度来说，有的客户想要更多的奖品，商家就可以提供自家的产品、服务，或者客户喜欢的产品和服务作为奖励；有的客户想要赚些外快，就可以给老客户推荐的新客户一些折扣，并给予老客户一些提成；发放某些低级产品或服务的优惠券给老客户，可能老客户本身不需要这些低级的产品或服务，那他们就会随手送给自己的亲友，还能得到一些人情和“回扣”……

当商家构建了新的客户关系之后，就已经得到了客户在“情感”上的认同，而接下来，商家就要将他们当作自己的亲密朋友，将客户转变为自己的代理商。商家只需要为客户搭建这样一个“情感转变为行动”的平台，让客户感受到推荐新客户的义务和利益，就能够让他们主动、积极、持续地为商家推荐新客户，从而以更小的成本赢得更大的回报。

好模式的操作步骤

将客户转变为商家的代理商，无疑是一个加速经济效益增长的有效方法。很多企业家或许会认为这样的效果只存在于理论之中，其实不然，这样一个好的模式，是完全具有可行性的。

在重建客户信任之后，商家就已经与客户之间拥有了一种新的客户关系，而要真正践行客户转化为代理商的模式，当然要从这些已经成为忠诚于商家的客户着手，这是最快速有效的方式。

第一，对最忠诚的顾客群了如指掌。每个顾客在购买商品时所偏好的商家都不同，因此，每个商家都具有独一无二的忠诚顾客群。尤其是那些净推荐值相当高的商家，它们的忠诚顾客不仅数量多，而且质量高、热情度高。对商家来说，这些顾客是重中之重，因为他们是最热衷于和商家合作的顾客。在给商家好评的顾客中，他们占了很大的比例。但是，商家真的了解这些忠诚的顾客吗？

市场上绝大多数的商家都致力于寻找使得顾客不满意的根本因素。但是，这些商家忽视了一点，如果想要超越自己的竞争对手，赢得更多的顾客，还需要付出相同，甚至更多的努力去了解让顾客满意的因素。

有时候一味地另辟蹊径是冒险的，想要超越竞争对手，还需要了解竞争对手的策略。有些商家认为采用和竞争对手同样的方式不会有多大的成效，这样的想法是错误的。销售同样产品的两个商家，同样登出了广告，但是销售量完全不同，为什么呢？就是因为同样是使用登广告的宣传手段，两个商家的广告宣传效果差异很大。因此商家不需要惧怕和其他企业使用相同的方法，甚至是模仿竞争对手的方法，因为只要付出更多的努力，即使同样的方法也可能带来不同的效果。

那么，顾客在评价一家商家的时候，究竟最看重什么因素呢？如果最重要的因素来自顾客曾经的购买经历，那么在哪些情况下能给顾客留下深刻的印象呢？换言之，能让顾客真心忠诚于自己商家的产品并乐意向他人推荐商家的产品的因素是什么？什么样的条件能够让普通顾客成为热衷为商家推销产品的“生意介绍人”呢？

获得顾客的宣传和推销，会给商家带来额外的利润，这是毫无疑问的。因此，了解顾客忠诚于商家的原因，就等于找到了能够获得额外盈利的方法，并且，这种方法是可以无限复制的。

商家要和自己的忠诚顾客群保持密切的联系，而要保持这种联系就需要某种行之有效的机制。美国的先锋公司是全球最大的免除费用的基金家族，并且是全球第二大基金管理商家。这家公司采取的方式是，对于自己的忠诚顾客进行回访，尤其是那些曾经将商家或者产品介绍给其他顾客的忠诚顾客。

美国先锋公司在回访中提出的问题大致围绕顾客因为什么成为他

们的忠诚顾客、这些顾客在推荐先锋公司时采用了什么方式这两点。通过调查，先锋公司发现，这些忠诚的顾客多半是因为在与商家交往的过程中，经历过一些“特别的时刻”，如新生儿的出世或者亲人的去世等。这样的调查结果，让先锋公司在日后的运作中提高了对这些拥有不寻常经历的顾客的关注。

第二，为满足顾客需求调整产品和服务。商家能够遇到的最好状况就是，自己的产品或服务对顾客有极大的诱惑力，使得顾客对这类产品产生需求时只会购买自己商家的产品。但是，现实往往不如想象中那么美好。一般的情况是，在类似的市场领域中，所有商家能够提供的产品和服务都可以相互替代。此时，顾客选择哪家商家的产品完全取决于自己对这些产品和服务的了解。

因此，商家就需要在帮助顾客详细了解自己的产品上做足功夫。可以通过不同的宣传手段全方位地展示自己的商品。不仅使得顾客对自己的商品有详细的了解，还需要帮助顾客了解竞争对手的同类商品，这不是一种自掘坟墓的行为。当商家在和顾客交流的过程中，中肯地向顾客介绍自家商品和竞争对手的商品的优劣，可以给顾客一种在全心全意为其着想的感觉。当然，在采用这种方式的时候，要尽可能在字里行间表现出自家产品是优于竞争对手的产品的，否则可能给竞争对手帮了大忙。

对顾客忠诚于商家的因素进行调查，能够使商家清晰地了解自己和竞争对手相比的优势和劣势，甚至还能够了解到顾客没有明显表现出来的需求。获得了这些信息之后，商家可以及时地改善自己的产品和服务，以更好地满足顾客的需求，使自己获得更多的忠诚顾客。只要践行，任何一家商家都有能力改善自己的产品和服务，以更大程度地满足顾客的需求。

第三，把忠诚顾客变成自己的“推销员”。如果商家能够保持和忠诚顾客之间的紧密联系，并且达成一种和谐的顾客关系。那么就可以将这些忠诚顾客变成自己的推销员，帮助商家推销产品。

想要让忠诚顾客为自己的产品和服务做宣传和推销，就需要和这类顾客分享一下商家的故事，使得他们在向朋友推荐的时候有话可说，也为他人成为自己的顾客提供了一个吸引人的理由。

客户最喜欢听商家在处理危机时刻的故事，通常这类故事也最能够吸引新的顾客。例如，马克一家人因为遇到飓风而延误了航班，他们一次次的通过电话改签自己的航班。航空公司看见了马克先生在推特上抱怨因为通过电话改签航班而产生的昂贵的漫游费用之后，立刻联系马克先生，不仅为马克一家安排了新的航班，还退换了马克改签航班的费用。

正是这样的惊喜和贴心服务，使得顾客从内心对商家产生了好感，并且会主动和他人分享自己在商家体验到的特殊服务。马克先生在论坛上就写过自己在航空公司受到了舒适待遇。

这些能够吸引人的故事不需要多么感天动地，最普通的小事也能够敲开顾客的心门。例如，小区物业商家的工作人员主动帮助新搬进来的顾客搬运行李，这件看似很平常的小事却可以在顾客心中留下深刻的印象。

想要在竞争激烈的市场上夺得头筹，商家需要为顾客提供后续产品和服务付出巨大的努力。通过这样的方式维持顾客对商家的满意度。同时，这些后续的产品和服务要价格适中、时机恰当，且能够通过正确的渠道为顾客提供及时准确的信息。

拥有的忠诚顾客越多，企业能够获得的利润就越多。高素质、高水平的忠诚顾客对任何商家来说都是一笔宝贵的财富。尽管市场中那些净推荐值高于平均水平的商家拥有更高的起点和更大的优势，商家依然应该努力为自己创造机会，为顾客提供良好的服务，使得顾客的良好感受为自己带来切实的利润。

一台电脑，一座商城

当电子商务商家已经积累了足够的客户规模之后，就能够通过对这些客户的分析，以不同的策略将客户转化为自己的代理商，这就是大数据时代的魅力。而在自媒体时代下，只需要一个能够连接互联网的电脑，人们就能够将自己打造为一座商城，这也是自媒体时代商家与客户的新关系的终极形态。

随着商城的销量越来越多，英特华往往可以只是通过一本书，就能够看到产品背后的消费群体，不论是宅男、宅女，还是其他角色。而从某种角度来说，只需要对方拥有一台电脑，英特华就能够让他们成为自己的经销商或者代理商。

英特华准备建造一个能够容纳上千人的会场，方便自己的代理商来到这里集体办公，或者是约见客户。而每推荐十个客户来英特华，代理商就能够获得一场免费的培训课程，这些培训课程的市场价往往在2000 元以上，每位讲师的出场费都超过百万元。

英特华也会不定期地找到相应的讲师，为会员提供微营销或者是移动互联网这样的课程，让会员能够快速融入电子商务的新时代，让大家能够在一个圈子里共同成长起来。英特华提供的培训课程大多都处于时代的前端，通过参加这些课程，会员都能够得到成长，这种成长并不是纵向的，不是说去年 100 万，今年 120 万，这种 20% 的增长，而是一种横向的成长。毕竟，如果你的竞争对手增长了 100%，即使你增长了 50% 又有什么用呢？英特华打造的正是这种大家一起快速成长的圈子。

在自媒体时代下，每个人都可以成为信息的传播者，通过信息化、电子化的手段，人们可以向不特定的多人或特定的个人，传递规范性或非规范性的信息。在信息技术与互联网高速发展的今天，特别是在 Web2.0 的环境下，由于博客、微博、社交网络、共享协作平台的兴起，每个人都具有媒体、传媒的功能。

而这种信息传播方式，也让“一台电脑，一座商城”成为可能，并让那些将客户转变为代理商的商家，获得更明显的经济效益的增长。那么，自媒体到底有着怎样的特性，能够发挥这样大的作用呢？

早在 2006 年年终，美国《时代》杂志的年度人物评选封面上没有摆放任何人物的照片，而是以一个大大的“YOU（你）”和一台电脑作为封面。对于这样的安排，《时代》杂志的解释是：“社会正从机构向个人过渡，个人正在成为‘新数字时代民主社会’的公民。2006 年的年度人物就是‘你’，是互联网上内容的所有使用者和创造者。”

美国著名硅谷 IT 专栏作家丹·吉尔默，还写了一本名为《自媒体》的专著，其副标题就是“草根新闻，源于大众，为了大众（《We the Media: Grassroots Journalism by the People, for the

People》)”。这就是自媒体最大的特征平民化。互联网上的每个用户都从一个“旁观者”变为“当事人”，人们可以拥有自己的“网络报纸”“网络电视”，媒体也终于“飞入寻常百姓家”，成为每个人自己的东西。

而在自媒体上，人们可以想说什么就说什么，想写什么就写什么，每个人都可以用互联网表达自己的观点，“为自己代言”，当然也就可以为自己代理的产品或服务做传播。

对于电视、广播、报纸这样的传统媒体来说，媒体的运作是一件相当复杂的工作，其所需要的大量人力和财力，也给平民的参与带来了极高的门槛。而在自媒体时代下，每个人在家里就可以做自己的媒体，只需要一台电脑、一根网线。

无论是在新浪微博还是在优酷等网站上，用户只需要注册一个账户，就可以发布自己的文字、图片、视频信息，媒体变得前所未有的简单。用户不需要用户投入多少成本，也不需要多少专业知识，就能够创办自己的媒体，这也是自媒体能够迅猛发展的原因所在。

例如，微博和微信就是在这样的环境下兴起的。用户只需要在手机上下载一个客户端，就可以随时随地将每天发生在身边的事情和他人分享。很多微博红人正是擅用这种方式而成为网络红人。很多明星也采取这样的方式进行炒作，使自己的人气大增。这样低成本的宣传方式为宣传者带来极大的效应。

互联网的一个明显特征就是突破了空间和时间的限制，而立足于互联网的自媒体同样如此，信息能够迅速地传播出去，时效性得到了大大的增强。从信息的制作到发表，自媒体体现出的高速性，是传统媒体所无法企及的。

而以社交网络为平台的自媒体同样拥有很强的交互性，自媒体能够与受众进行广泛的互动，促进信息的有效传播，给予用户更具针对性的信息服务，在赢得用户的喜爱和信任之后，更为顺利地将自己推销出去。而传统媒体在交互性这个性能上的表现几乎为零。

相比于传统媒体，自媒体拥有无可匹敌的优势，虽然在迅猛的发展中，自媒体仍然具有这样那样的问题。但当商家将自己的客户转化为代理商之后，就能够提供客户通过自媒体进行营销的方式，从而让自己的产品或服务传播得更远。

第八章

新环境下的发展观

OBSERVATION

OFE-COMMERCE

FROM CLOUD

企业要发展，环境的影响不可小觑。在改革开放之初，中国的市场才刚刚开始发展，所以遍地都是机会。商业的发展也相对比较容易。但是如今，商业的竞争已经处于白热化的“红海”竞争阶段。企业要想发展，就必须拥有新的发展观，采取新的竞争策略，充分利用现有市场环境。必要的时候，甚至可以当一个捅破天花板的企业家，打破既有的市场竞争规则，让企业在更自由的环境中发展竞争。

更广阔、更自由的发展机会

每个行业都有着自己的行业巨头，在他们的垄断之下，新进场的企业很难获得自己的竞争优势。而作为行业规则的制定者，这些巨头企业也拥有很多手段限制新生企业的发展，在自身资源有限的情况下，中小企业想要获得一个广阔、自由的机会可谓难上加难。

英特华最早进入图书出版市场时，什么都没有，几位创始人可以说是白手起家，只是看到了这个市场机会，就义无反顾地走了进来。但当事业真正开始发展时，英特华却不得不承认，在行业巨头的压制下，自己很难拥有“出头之日”。毕竟，如果一直按照别人的规矩走，只会越陷越深，然而，英特华想要成为一个一流企业，因此，英特华走上了自己的破坏性创新之路，通过破坏行业规则，重置行业规则，从而让自己拥有一个更广阔、更自由的发展机会。

英特华走的这个破坏性创新之路就是“价格战”，由于英特华有着自己缩减成本的方法，相对于行业巨头，英特华有成本优势。例如，英华特可以利用自己的独特优势，在品种不断增多、产品组合设计越来越丰富的同时，还能充分降低成本，实现大规模的赢利。这种优势是其他小企业无法获得的。

而最关键的是，英特华有着自己独特的利润品，即使那些放出去的“钩”会让自己亏本，但利润品的设置，总会让英特华实现盈利。英特华追求的是规模产品产生的整体利润，从来不会着眼于某种单品到底是赔还是赚。

当然，即使没有这种成本优势，中小企业也总能找到自己的破坏性创新模式，无论是走现金流之路，还是类金融之路，中小企业要发展，就必须通过破坏行业规则，在短时间内将行业搞乱，并树立起自己的规则。这样，你的竞争对手就无法在短时间内了解你的规则，这就是你的发展机会。

破坏模式无疑是企业在新环境下迅速发展的有效方法，但企业究竟要如何“快、准、狠”地破坏掉现有行规呢?

第一，抓准破坏模式的市场机会。在新时代环境下，企业无论采取怎样的商业模式，都要摸准消费者的需求，只有立足于消费者的需求，企业才能真正地拥有发展起来的机会。而破坏模式所面对的消费者大体能够分为三种：“非消费者”、未充分满足的消费者、过分满足的消费者。

“非消费者”指的是被主流市场产品或服务所忽视的一个消费群体，他们有消费的需求和能力，但市场上没有针对他们需求的产品或服务。就好像一个老太太拿着钱包到菜市场想要买李子，找来找去却没有李子，只好买了枇杷。“非消费者”的消费需求被现有产品或服务的特性所限制，通常无法购买到自己真正需要的产品或服务。如果企业能够抓住这类“非消费者”的需求，就能迅速在这片“空白的”市场上发展起来。

未充分满足的消费者是对于现有产品或服务的特性感到失望的一群消费者，他们对于产品或服务通常有着更高的追求，也愿意为之付出更高的价格。这部分消费者其实是企业不断改进产品或服务的原动力，如果能够以更高端的产品或服务满足这类消费者的需求，企业就能快速实现盈利，并在持续的创新改进中，使他们成为自己的忠诚消费者，将他们黏在自己的产品或服务上。

过分满足的消费者则认为现有的产品或服务已经足够好,甚至是“好过了头”，对于他们来说，企业持续改进性能的产品或服务已经没有了吸引力，他们不愿意为之付出更高的价格。因此，企业就可以通过降低运营成本，或采取其他新的商业模式，以相同的性能、更低的价格，来满足这类消费者的特定需求。英特华在进入图书行业的时候，正是针对这样的消费群体，以更低价格的自考教材赢得了消费者的喜爱。

第二，实施破坏模式的方式。针对不同的消费者，企业应该采取不同的破坏模式，破坏掉现有的行业规则，以消费者所需的产品或服务，来赢得消费者的喜爱，并将之化为自己生存和发展的沃土。

“1000 个人眼中有 1000 个哈姆雷特”，针对不同的消费者采取不同的方式需要企业花费脑筋和功夫去了解每个消费者的突破点。一蹴而就的事情是很少发生的,因此企业要学会在摸索中找到适合自己的方式。

针对类似于“非消费者”这样的潜在消费需求，企业可以采用新市场破坏性创新模式。企业在进入这样的“新兴市场”时，只需要推出消费者所需的相对较低水平的产品或服务，这样，就可以以相对较低的价格，迅速扎根于新的消费者市场中。同时，由于价格较低而且能够满足消费者需求，消费者就能够更加容易并有效地完成自己想做却无法完成的重要工作。只要这个新兴市场能够保持高增长且持续提高的增长率，企业的新市场破坏性创新模式，就已经取得了初步的成功。接下来，企业则可以在不断地提高产品或服务的性能中，以更高的生产效率、更低的成本吸引更多的消费者进场，从而赢得市场。

针对过分满足的消费者，企业则可以采用低端破坏性创新模式。对于这些“不苛求”的消费者而言，企业不需要提供多高端的产品或服务，而只需满足同一产品或服务细分市场中的低端市场的需求。当企业进入的是一个已经发展成熟的行业时，就会发现消费者的需求已经得到了极大的满足，他们已经不需要更高性能的产品或服务，而在这个已经无法持续增长的市场中，企业就可以以低端破坏性创新模式，在“不苛求”的消费者中建立一个立足点，让自己拥有持续增长的潜力。

新进场的企业通常需要以更激进的市场竞争手段，去赢得更广阔、更自由的发展机会，而现有行业巨头企业则通常会采取防御、反击的竞争策略，二者之间就好像“矛与盾”的竞争关系。而根据阿玛尔·毕海德的研究，“新进入企业的活动往往集中于在位企业不愿从事的少投资、低技术水平、低利润、高风险的领域”。事实也已经证明，破坏模式往往是新进场企业迅速发展的最佳选择。

做一个捅破天花板的企业家

在企业的发展过程中，总有一个“天花板”悬吊在企业的头上，那就是市场总额。很多企业家会认为“市场就这么大，我做到头了，就没办法继续发展下去了”。然而，在新的时代环境下，企业发展没有天花板，只需要企业家做一个敢于“捅破天花板”的人。

这就需要企业跳出之前的视野，不仅能够在天花板之下获得最大的利益，更能够看到捅破天花板之后能够获得的更高利益。只要敢于打破常规，跳出思维的僵局，才能发现一片新的天地。

在英特华快速发展中，由于采取了破坏模式，英特华迅速发展成为图书行业的龙头企业。需要说明的是，由于亚马逊、当当等图书电商网站是图书销售平台，与英特华还有所区别。目前，即使是天猫想要做试卷销售业务，也需要与英特华进行合作，英特华已经成为行业的引领者，因此，英特华也能够以引领模式“捅破”市场份额的“天花板”。

马云的员工总是被 KPI 弄得焦头烂额，为了提高企业的业绩，天猫的员工大多会尽可能地压榨自己的工作能力和热情，来满足马云的

KPI 考评。然而，“小而美”的天猫总是无法“捅破天花板”，当他们的产品运营总监与英特华进行沟通之后，才找到了继续引领市场，扩大市场总额的方法。

英特华是专业经营考试培训教材的电商，当消费者想要购买考试培训教材时，通常会选择在英特华的店铺当中购买，因为这里是最专业的。但要考公务员、考会计证的消费者只有那么多，要怎样实现持续性的发展呢？英特华的做法是将图书与培训相挂钩，消费者在购买图书之后总会有参加培训的需求，这样，1 个亿的图书就相当于 10 个亿的培训，图书的市场总额的“天花板”也就得以“捅破”。另外，由于培训的利润较高，英特华就可以继续缩减图书的利润，以低价格的图书吸引消费者购买自己的培训。

而在与英特华进行沟通之后，天猫也决定采取这一业务模式，一场培训的价格可能是 1800 元，消费者在网上购买密码之后，就能够在网上参加在线培训，或者下载培训视频，甚至是到线下去参加培训。当了解了天猫这个发展策略之后，英特华也就能够尽早地开始考试培训的音像教材的制作，从而迅速迎合这样的市场潮流。

很多企业家会给自己设置一个“天花板”，其实完全无须如此，只需要将消费者引领到另外一个相关市场，企业就能获得一个更大的发展空间。当企业处于行业领先者的地位时，就要善于使用引领模式，维持自己的领先地位，而不是等着被破坏者后来居上。

对于如何运用好自己的领先优势，不同的企业有不同的选择，下面就给大家介绍几种成功的案例。

第一，多样化模式。多样化发展模式，是企业“捅破天花板”的一个有效手段，通过进驻多个市场，能够极大地扩大自己的市场总额，让自己“永远”没有遭遇市场总额“天花板”的危机。

宝洁是做什么的？它做清洁剂、做牙膏、做肥皂、做洗发露、做纸尿布、纸巾……宝洁的自我定位是“洗手间里闹革命”，可以说，洗手间里有多少问题需要解决，保洁就会经营多少种产品。保洁从事的是一个没有极限的产业，因此，保洁也处于“永远的朝阳产业”之中。

第二，国际化模式。很多行业领先企业，都在发展自己的国际化业务，但国内企业大多聚焦于发达国家跨国企业的全球化布局，这其实并没有多少借鉴价值。由于立足点较高，发达国家企业的国际化发展可以说是一场“居高临下的俯冲”，而发展中国家企业的国际化则是一场“艰难的仰攻”，其难度差距之大可想而知。

对于发展中国家的消费者而言，跨国品牌是需要仰视甚至是崇拜的，而发展中国家的跨国品牌往往会因为自己的骄傲而失败，因为发达国家对于其产品是“俯视”的。宏碁是台湾的电脑制造巨头企业，但由于台湾狭小的市场容量，企业很容易就会遇到市场总额的“天花板”。为了发展自己的国际化业务，宏碁采取了“结合地缘”的国际化策略，让国外当地合伙人与自己共同创办事业单位，实现跨国企业的本地化，并使用“速食店模式”，在台湾生产部件，在国外当地市场进行组装，加快新产品的推出和库存的周转，使宏碁能够迅速“捅破”台湾市场的“天花板”，进入国际市场。

第三，多元化模式。多元化模式其实是一个遭遇“天花板”的企业的必然选择，每个企业在主营产品发展到一定规模时，都会寻求多元化的发展模式，将自身现有的竞争优势转移到其他行业中去。多元化与多样化有着明显的区别，其核心就在于企业经营的产品或服务是否同属于一个行业。

TCL 是做电话机起家的，但随着信息技术的发展，电话机已经无法适应市场需求，彩电、电脑、手机成为市场上的新潮。TCL 为了避免市场总额的“天花板”，果断进入新兴行业，并成为行业颠覆者。在电视机行业，TCL 做的是新兴的高端大屏幕彩电；在电脑行业，TCL 与英特尔携手推出“奔Ⅱ”电脑；在手机行业，TCL 则以“钻石手机”“铂金手机”等创新产品吸引了大批的消费者。

第四，产业转型。在过去的国际化市场竞争中，日本企业与美国企业的第一次“全面战争”就是家电产业，而这场“战争”的结局就是日本企业全面胜利，美国家电企业几乎全部消亡，日本家电企业集体“捅破了”本土市场的“天花板”，进入全球市场。

20 世纪 80 年代，松下和索尼就已经成为全球顶级的家电企业，但在面对产业“天花板”时，二者却做出了截然不同的选择。至今，松下仍然是一个著名的家电品牌，而索尼早已不再是一家单纯的家电企业。如今，索尼更像是一家娱乐业企业，在并购哥伦比亚电影商家，并开发出游戏机之后，索尼迅速成为全球顶尖的企业之一，并继续在全球范围内快速发展，而那些家电产业巨头仍然笼罩在“天花板”的阴影之下。

索尼的这次成功突破并不是单纯的国际化，或是多元化，而是重新定义了自己所处的产业，从家电产业转型为娱乐产业。

在这个竞争激烈、局势千变万化的市场中，任何产业、行业都有“天花板”。但是，企业对于消费者的认知却没有“天花板”，只要用心和顾客进行有效的沟通，就可以了解到任何企业想要了解的信息。与此不同的是，即使一个企业发展成为行业巨头，甚至是产业巨头，仍然需要通过不断发现需求、掌握需求、引领需求，来“捅破”所谓的“天花板”。这就相当于雏鹰想要学会飞翔必须折断自己的翅膀一般，如果想要获得更大的发展空间，这是企业必须经历的一个阶段。“天花板 ”之外将是另外一番世界，就看企业有没有能力去捅破它。

企业可以这么发展——级数发展

在新的时代环境下，企业发展是没有“天花板”的，每个企业家都可以找到适合自己的发展模式。当很多企业仍然无法适应时代发展潮流时，我们不妨使用级数发展的方式，直接收购这些企业，让他们成为自身发展的助力因素。

英特华如今已经拥有 30 家天猫商城，但每家都是独立注册而成的。这里面并没有什么特别的商业诀窍，事实就是，这 30 家天猫商城，基本都是英特华收购而来的。

英特华在北京也有自己的实体书店，但随着市场的发展，消费者的消费行为发生改变之后，英特华已经不考虑实体书店的销量了，毕竟，我们已经进入了一个电子商务的世界。英特华在发展过程中，特别巧妙地使用了收购模式，往往考虑的是通过收购买来了多少店铺，买来了这些店铺的多少员工。

在图书行业内，很多企业都在发展自己的电子商务业务，但他们没有设计好自己的“钩”，无法有效地将自己的流量转化为销量。这时候，英特华就果断将它们收购下来，“既然你没办法生存下去，我就连企业带员工地将你收购过来就好”。

其实，如今很多成功的企业做的并不是某个产品，而是自己的公司品牌，他们只是不断地把公司品牌做大，做大之后做什么呢？那就是资本运作，每个企业都有两种资本，一个有形资本、一个无形资本，而互联网企业尤其重视无形资本，也就是品牌价值。通过不断地放大企业的品牌价值，企业就可以获得大量的资金投入，这就是无形资本到有形资本的转变。在这样的转变中，企业很容易实现级数发展，为什么？很简单，“有钱好办事”！

英特华目前也已经成立了自己的创投公司，我们目前转战互联网已经有三年的时间，我们的一个短期目标，就是在明年将英特华的产业链增加到 12 条，包括服装产业链、企业产业链等等，到时候，英特华则可以直接购买上市公司，从而实现上市，进而吸引更多的资本。通过资本运作，在不断地增值、并购、再增值中，企业可以轻松地实现级数发展。

虽然目前仍然是电子商务的高速发展期，但随着国内经济增速的放缓，很多互联网中小企业都面临着经营困境，不要说盈利，连生存下去都已经很难保证。在这种市场背景下，中小企业择机被大企业收购，对于它们自己而言，也是一个有利的出路。根据数据显示，“2013 年互联网并购市场宣布交易 121 起，披露交易规模达到 57.02 亿美元，同比上升约 60%，并购完成案例规模更是达到六年来最高。”

而收购这些中小企业，也是大企业进行多样化、多元化发展的良好契机，通过整合这些效率较低的资源，行业巨头企业也能够在不断的收购中，实现自身的级数发展。2013 年，可以说是中国的互联网巨头们的一个发展瓶颈期，自身业务发展放缓，单纯的创新、模仿也很难再实现自身的突破，而这些巨头企业为了推动自身的发展、突破自身的边界，也直接造就了 2013 年的“收购潮”。下面，我们就从 2013 年的五大收购事件中，看看收购模式的效力。

第一，百度收购 91 无线。百度以 19 亿美元的价格收购了 91 无线，这也是中国互联网行业有史以来最大的收购案。而百度这样大手笔的收购行为，无疑将对中国互联网行业产生巨大影响。

如今，中国互联网行业已经开始向移动互联网发展，众多互联网企业都开始抢占自己的移动互联网阵地，而百度却一直无法在移动互联网市场有所作为。即使是在 PC 端，百度搜索也面临着 360、搜狗等搜索引擎的夹击，而传统搜索服务在移动智能终端也明显乏力。迫于移动互联网的发展趋势，百度不得已以收购的形式快速夯实自己的移动互联网阵地。

91 无线一直经营的是应用商店服务，通过为消费者提供各种手机应用，而在移动互联网市场拥有广泛的影响力。而在百度收购 91 无线之后，则可以通过搜索和应用商店这两个强势入口，直接满足消费者搜索和应用下载的请求，并将移动应用开发者纳入自己的平台之中，打造自己的移动互联网生态，从而突破困局。

第二，腾讯注资搜狗。搜狗一直经营着输入法、浏览器、搜索引擎等业务，并在各个细分市场内，已经有了不小的份额。在用户数量突破四亿之后，搜狗也被评为“中国十大价值产品”之一。有着不小成就的搜狗却已经“待嫁”许久，其与百度、360、阿里巴巴等互联网巨头企业都曾经传出过并购的“绯闻”，而最终则是花落腾讯，接受了腾讯4.48亿美元的注资。

腾讯一直以来都想要进军搜索引擎市场，在推出“搜搜”之后，却一直没有做出多大的成绩，这次收购搜狗，腾讯就能够有效地将搜搜与搜狗相融合，以“新搜狗”对抗老牌的搜索霸主——百度，而迅速发展起来的360搜索在收购搜狗失败之后，则需要面对搜狗、百度、360“三分天下”的激烈战局。

第三，阿里巴巴投资高德地图。电子商务的发展已经从线上走到了线下，而地图服务则是整个O2O产业链的一个重要入口，在各种针对线下服务的电子商务市场中，无论是酒店、航空、票务、旅游度假，还是买房、租车等服务，都可以与地图服务有效结合。而在中国互联网三大巨头——百度、阿里巴巴、腾讯中，唯独阿里巴巴还没有优质的地图服务资源。

而高德地图则一直处于中国地图服务市场的领先者地位，阿里巴巴与高德地图的“牵手”，则能够很好地为自己的O2O业务打下夯实的基础，而高德地图也有望从一个单纯的地图服务工具向生活服务领域发展。

第四，阿里巴巴投资新浪微博。新浪微博虽然已经成为中国互联网市场中的一个重要设计平台，众多电子商务企业都立足于新浪微博，展开了各种“微营销”的攻势，并获得了不错的效益。但新浪微博自身一直在寻找实现盈利的突破口，根据数据显示，新浪微博2012年的亏损额达到 9300 万美元。而据预计，通过与阿里巴巴的战略合作，新浪微博有望在三年内获得 3.8 亿美元左右的收入，新浪微博也将实现盈利。

阿里巴巴可以说是个“有钱的大老板”，但其一直没有自己的社交网络。腾讯是做社交起家的，百度也有着百度贴吧这样的社交平台，阿里巴巴推出的社交软件——来往——却一直没有很好的发展。而新浪微博则具有媒体和社交的双属性，通过投资新浪微博，阿里巴巴也终于有望在社交网络中大展拳脚。

事实上，美丽说、蘑菇街等电子商务网站之所以能够大获成功，与新浪微博这样的社交平台不无关联，社交平台对于电子商务发展的意义已经无须赘述。当腾讯拥有微信这样强力的社交平台，而自身社交产品又发展受阻时，投资新浪微博也成为阿里巴巴唯一的选择。

第五，阿里巴巴继续注资快的打车。在2013年的移动电子商务领域，最为受人关注的无疑是打车软件了。虽然在初期的乱战中，打车软件已经被业内人士认为是移动电商领域的“死海”。但通过不断的并购、竞争，快的打车与嘀嘀打车成为打车软件市场的幸存者，并通过不断的“烧钱”展开了激烈的厮杀。

事实上，打车软件的发展不仅需要巨大的投入，而且也难见盈利，甚至面临着被官方“收编”的风险。但阿里巴巴仍然不计风险的注资快的打车，其目的就在于沉淀用户。移动电子商务最大的发展契机就在于生活服务，而打车则是消费者日常生活中的重要一环，通过注资快的打车，阿里巴巴能够迅速获得大量的移动互联网用户，从而实现自身移动电子商务的发展。

电子商务企业在面临发展困境时，一个有效的解决方法就是直接收购或者说注资中小企业，通过不断整合市场资源，转移竞争优势，在互联网以及移动互联网市场，实现级数发展。

第九章

互联网时代的主旋律：自由与跨界

OBSERVATION
OFE-COMMERCE
FROM CLOUD

过去，你如果问英特华的线下书店，你这卖口罩吗?英特华一定会觉得你脑子有问题。现在，如果你在英特华网购的时候，英特华附赠了几个口罩，你一定不要惊讶。如果你惊讶，英特华还是会觉得你有病。为什么？因为互联网已经打破了所有商品之间的界限。你买书的时候店家附赠你口罩，只是提醒你，雾霾天要戴口罩外出。你是不是会被英特华如此跨界的温馨感动？感动就对了，因为这是互联网时代带给你和英特华的双赢局面。跨界已经成为电商最时尚的潮流。互联网的自由，让商业中的一切都成为可能。

基于品牌外延的传统跨界的启示

在我们生活中常用的商品里，很多商品依然是传统行业里的商品。在传统行业向电子商务转型的时期，我们只有清醒地认识到了传统行业里的发展模式，才能在电子商务的发展领域里探索出适合电子商务发展的模式。任何商业模式都有相通的地方，传统行业里也有互联网思维，所以思考和对比传统行业的发展模式就显得尤为重要。

我在进入电子商务之前，曾开过书店，开过酒楼。书店和酒楼都是传统商业里的产物，我那时候在这两个传统行业里做得还不错，并且总结了一些经验和方法。在我进入电子商务行业后，我利用我在传统行业里的思维和模式，将电子商务也做得不错。为什么？因为我喜欢总结和琢磨，从来都将不同的行业视为同一行业，然后从它们的共通处总结出英特华独有的发展模式。前面讲到的“颠覆模式”就是我曾在传统行业里使用过的模式，在电子商务中同样效果惊人。

我们都知道，传统行业里，一家企业要想跨界经营是非常不容易的。我们几乎没有听说一家机器制造企业会涉足日化品类，我们也没有听说一家书店在卖书的同时还摆出了口罩和面膜。这种从表面上感觉完全不搭调的商品，在传统行业里是根本没有办法跨界联系在一起的。除非某个传统行业的品牌影响力足够强大，强大到根本无须提起这个品牌，只要看到和这个品牌有关的视觉元素，就能立刻想到这个品牌。这样的传统行业就完全基于品牌的外延实现跨界。这种基于品牌的外延实现跨界的模式，电子商务行业同样可以借鉴应用。

在香烟领域，有一个非常知名的品牌——万宝路。在中国刚刚改革开放的时候，大批国外商品涌入大陆，万宝路就是其中之一。并且万宝路一度成为国内最知名的香烟品牌之一，抽万宝路烟，那是身份的象征。就是这样一个香烟品牌，它在发展过程中，依靠其强大的品牌影响力，在广告方面实现了多个行业的跨越，被称为跨界“广告王”。

万宝路诞生之初，是定位于女性香烟的。但是经过不断的发展和探索，万宝路最终抛弃了女性香烟这一品牌，转为专为粗犷、豪放、具有男人味的男性服务的香烟品牌。为了让消费者深深记住万宝路的这一客户定位，万宝路在广告方面独出心裁地引入了牛仔形象。

“一个目光深沉，皮肤粗糙，浑身散发着粗犷、豪迈、英雄气概的男子汉，袖管高高卷起，露出多毛的手臂，手指间总是夹着一支冉冉冒烟的‘万宝路’香烟，跨着一匹雄壮的高头大马驰骋在辽阔的美国西部大草原。”

这是李奥·贝纳为“万宝路”塑造的经典“牛仔”广告形象。在美国梦泛滥的年代，“万宝路”铁铮铮的美国西部牛仔形象，瞬间引发了消费者的共鸣。因为无论是这位西部牛仔上马的英姿，还是坐在马上的形态，无不彰显出男子汉的阳刚之美。受美国梦影响的男性，都渴望这样一种形象，自然就会对万宝路爱不释手。

除了西部牛仔的品牌形象，万宝路在其他领域内也制作了很多表现男性魅力的广告。比如，万宝路赞助法拉利车队，将万宝路的标志印在法拉利的车身上，给消费者传达一种激情、活力的男人魅力。即使是后来因为世界范围内对烟草广告的禁止，万宝路中断了与法拉利的合作，但是万宝路和法拉利之间的联系却从来没有中断。当消费者看到红色法拉利赛车驰骋在 F1 赛场上，当消费者看到法拉利车队赛车手或工作人员穿上红色的赛车服，当消费者看到红色法拉利赛车身上的“条形码”标志……消费者仍然能够轻易地联想到“万宝路”这一品牌，联想到“万宝路”的激情、活力、刚强。

酒吧是男人们常去的地方，所以万宝路的跨界广告也瞄准了酒吧。在美国，“万宝路”与一些酒吧的老板进行合作，为酒吧的老板提供一些资金支持，条件是酒吧的装修要与“万宝路”品牌风格相一致。当消费者来到这些酒吧里，便看到清一色的红色沙发、红色靠垫、红色衣装、红色墙壁、红色烟灰缸……这些都是“万宝路”刻意营造的，意图就是在扩大“万宝路”品牌曝光率的同时，还能够潜移默化地影响消费者。在这里，不用刻意提到“万宝路”的品牌名称，也不用刻意贴上“万宝路”的品牌标志，只需在酒吧里的电视上播放一部反映“狂野西部”的广告，就能够让你联想到“万宝路”这个品牌，甚至让你忍不住来上一根“万宝路”香烟。

所以，我们可以看到。万宝路作为传统行业，它在进行广告营销的时候，却非常注意跨界。不管是在汽车行业，还是在酒吧，都能够以恰当的方式植入其视觉元素，在潜意识中影响消费者，促成消费者的购买。而这种影响力，都是基于“万宝路”这个品牌。在品牌的外延，万宝路可以随心所欲跨界到任何一个行业，并成功营销。

我们从万宝路这家传统企业身上能否学到更多东西？英特华作为以电商为主的企业，在发展电商的同时，也发展出了很多跨界的部门。比如，英特华打造的电商俱乐部，打造的商学院，打造的产品研究院等等。在英特华这个品牌的影响下，英特华的电商俱乐部会帮助更多的传统行业顺利进入电商，而商学院则能给众多企业提供培训，并打造中国的电商黄埔军校。英特华从电商跨界到培训行业，跨界到咨询行业，跨界到系统研发的技术行业，跨界到物流仓储行业等等，都是在英特华这个品牌之下有所延伸的。

不管是传统行业还是新兴的电商行业，一个强大的品牌，总能产生辐射效应，其品牌外延更是可以跨界发展。不过，相比较当下互联网企业基于用户的全方位、多角度跨界，传统行业基于品牌外延的跨界显得力量不足，也不能完全适应互联网时代的发展。但是打造强大品牌，将品牌形象植入消费者潜意识的这一思路是所有企业都应该借鉴的。每一种商业模式的新生总要吸取已有商业模式的经验和教训，电商也不例外，在既有模式的基础之上，寻求适合自身发展的模式，才是企业最佳的出路。

互联网的跨界，皆是基于用户

与传统行业不同的是，互联网企业在跨界方面往往是基于用户的。以往的卖方市场早已成为过去，如今用户的需求成为主导市场发展方向的主要因素，市场变成了完完全全的买方市场。商家只有全方位、多层次地满足用户的各种需求，才能在商业竞争中得以立足。

基于对市场的这一认识，英特华在电商跨界的发展过程中，探索出了多种的发展模式。尤其是英特华在商品的组合设计上，特别注重对某一类消费群体的需求挖掘。消费者的某一个消费需求往往能反映出他（她）其他方面的不同需求，就如我们在前面提到的卖李子的小商贩。他能从老大妈买李子的需求挖掘到她儿媳妇的需求，这样基于用户的需求挖掘，正是互联网时代最需要的互联网思维。

任何一个商家都知道，随着社会和经济的发展，每一个节日都是商家最好的促销机会。尤其是对电商来说，节日促销是每年的重头戏。自从天猫成功地打造出“双十一”促销节日，各种各样的节日就层出不穷。电商们都希望通过节日卖出更多的商品。但是很多商家在节日的促销活动中发现，节日促销效果并没有他们想象的那么好。往往同样的商品，别人卖得很好，而自己的店铺里却死活卖不出去，这是为什么呢？

这样的问题就像是在问：同样的书，为什么我的店铺里死活卖不出去，而英特华的店铺里却卖得很是不错？

答案是，英特华懂得互联网时代是自由和跨界的时代，懂得跨界发展。

在互联网的时代，如果做电商只知道单独去推销某种商品，不懂得深挖客户需求，不懂得全方位、多层次满足客户需求，那这家电商往往就是失败的。那又该怎么多层次地去挖掘客户的需求呢？英特华提出了这样一个基于用户需求的跨界模式——“玫瑰 + 避孕套 + 钟点房”。

这个模式中，这三种产品，我们猛看上去，似乎联系不是很大。但是细细琢磨其消费群体，我们就会发现，这样的商品组合正是某一类消费群体的需求组合。我们都知道，每当情人节的时候，玫瑰和宾馆是供不应求的。但是很多人会忽略掉，伴随着玫瑰和宾馆的火爆，避孕套同样也是供不应求的。因为这几种商品是那个特定时刻，年轻消费群体的共同需求。所以，这个商品的跨界组合正是基于用户的多层次需求进行设计的。它代表着电商在促销商品时的一种促销模式。

如果我们将玫瑰换成红酒，变成“红酒 + 钟点房 + 避孕套”的模式，也是同样可行的，甚至我们还可以将蛋糕等能够代表浪漫的商品加入进来。在特定的模式下，跨界就完全实现了。在传统商业中，除了宾馆自身，很少有商家会将这几种跨界的商品组合在一起销售。而在互联网时代，这一跨界商品组合模式，却是电商的最爱。

电商跨界，并不是说要你跨到一个你完全不懂，或者跟你现有的商品完全没有关系的领域去。主营图书的英特华要跨界，绝对不会说贸然跨界去卖房子，去卖轮胎。因为这些商品跟英特华的图书毫不相干，根本没有办法在设计产品组合的时候组合在一起。但是英特华跨界的时候可以基于用户的需求进行多层次挖掘。前面提到的“《好妈妈胜过好老师》+ 口罩（面膜）”的跨界组合就是很好的例子，因为这个跨界组合是基于妈妈的需求来设计的。

如果英特华要卖出一本考研书籍，英特华会深入挖掘考研群体的多层次需求，比如考研群体会关注考研政策的动态，会关注他（她）所考导师的著作，还会关注一些营养补品，因为他们在考研的复习奋斗中，身体需要营养的补充。所以基于这个群体，我们又可以设计出这样的跨界商品组合——“考研资料 + 考研资讯报纸 + 导师著作 + 营养补品”。并且，根据我们之前提到的免费模式等，英特华可以将其中的某一种或多种商品作为开门产品，只将某种商品作为利润品。这样英特华在电商销售的竞争中是无往不胜的，因为没有一家电商能够给消费者如此贴心的组合和如此大的优惠。

所以，很多电商总是觉得同样的商品，为什么英特华卖得很火，而自己同样的商品，同样的价格，却卖不出去。因为他们不懂得什么是基于用户去理解互联网电商跨界，不懂得如何利用互联网的优势去跨界设计商品组合。

我们知道，传统的商家要跨界，往往需要基于品牌的外延。如果一个品牌的知名度不够高，它的外延是非常小的，给商家提供的跨界空间也就很小。但是互联网时代，基于用户需求的跨界就不存在这样的问题。英特华卖图书和口罩的组合，根本不需要什么品牌的影响。只要这个组合能够满足消费者的需求即可。

如此看来，挖掘客户的需求便成了电商跨界的核心。以客户需求为核心，将商品辐射到客户的每一个关联需求，就可以轻松设计出一个比较完美的产品组合。当然，前提是你要准确把握住客户的表面需求和潜在需求。至于具体如何基于用户需求设计产品组合，这是电商需要自我研究的。在这里不再赘述。

我要强调的是，基于用户的需求设计产品模式，并不是独立存在和发展的。英特华在发展过程中总结出了十八招，这十八招是互相补充和提升的。基于用户需求的跨界模式，我们往往要辅之以免费模式、开门模式、前店后厂模式等等，否则一个模式是难以成规模化发展的。其他电商商家，可以借鉴我们的模式，总结出适合自己发展的模式。而英特华也正着力建设电商俱乐部，立志帮助电商商家实现互联网的跨界发展，共同将电商事业做得更大。

跨界是身不由己，是势在必行

互联网已经打破了时间和空间的限制，让信息和商业变得更加自由与畅通。传统商业与电子商务之间和谐共存的局面已经被打破。传统商业面临的再也不是想不想进入电子商务的局面，而是面临不进入电子商务能不能生存的局面。电子商务已然成倒逼之势，让传统商业不得不改变和跨界。

跨界对传统商业来说是一件非常艰难的事情。没有强大的品牌影响力，没有雄厚的资金实力，没有完备的商业战略，跨界就是“一次充满危险的摸着石头过河”，一不小心就可能掉进河里被水冲走。所以很多传统的企业和企业家是非常不愿意跨界发展的，跨界对他们来说简直是吃力不讨好。

但是，商业发展的局势是一天天变化的，没有一家企业能够在变化的商业环境中独善其身。我们知道的非常有名的柯达胶片，就是因为固守老本行，不愿意跨界进入数码时代，结果惨遭淘汰。据说，数码相机其实在柯达内部早就开始研究了，但是柯达怕数码相机影响他们胶片的发展，所以断然扼杀了数码相机的研究。故步自封的结果，就是自杀。

对于刚刚被收购的诺基亚来说，也是同样的惨痛教训。诺基亚一直将同样生产通信产品的摩托罗拉作为自己的对手，在手机生产方面占据了很大的市场。诺基亚手机给传统的用户带去了许多乐趣，其多型号的诺基亚手机、安全可靠的品质等一直是用户们津津乐道的事情。但是令诺基亚没有想到的是，苹果手机半路上杀了出来，苹果创始人乔布斯用自己独特的思维重新定义了手机，让全世界的手机用户眼前一亮。

可是，对于这一手机发展新局势，诺基亚并不在乎。他们觉得自己的手机占据着很大的市场，区区一款手机怎么能够与其竞争呢。并且诺基亚并不认为苹果手机能被消费者接受，它并不是手机发展的潮流。

另外，诺基亚作为传统的手机生产商，它已经是船大难掉头，如果跨界去发展智能手机，这无疑是非常危险的尝试。所以，诺基亚依然我行我素，拒绝了跨界发展的时机。当然，结果大家都知道了，诺基亚被收购了。

同样的，英特华在发展之初也面临着跨界与不跨界的艰难抉择。我刚开始卖书，一直开的是实体书店。很多人都觉得，书这种流传了几千年的商品，如果涉足电商，谁知道会是什么结果呢？并且，消费者买书都喜欢去书店翻看之后才买，网上卖书，根本没有任何体验。

但是，当当网、亚马逊都发展起来了，我为什么不能开网上书店呢？我还有自己的实体书店，况且电子商务一天天发展壮大，已有取代传统商业的趋势。所以，没有经过太多的考虑，我就涉足了电商，在淘宝、天猫上开起了自己的网上书店。结果证明，我的选择是正确的。并且，随着时间的推移，实体书店一天天难以生存，这更加证明了我当初的选择是对的，如果不跨界转型，涉足电子商务，我或许早就被淘汰了。

英特华在网上销售图书，从一家传统企业转型为彻底的电子商务企业，用的时间并不长。这一切都要归功于电子商务的跨界尝试，虽然当初的转型也是身不由己。但是时代发展的趋势就是如此，“顺者昌，逆者亡”。

在任何时代，顺势而为都是最重要的。马云曾经说过一句话：“这个时代是互联网的时代，已经不再属于李嘉诚了。李嘉诚的时代很好，但那已经成为过去。我并没有大家想得那么牛，马化腾也没有，实际上，我们只是顺势而为跟上了这个时代而已。”所以说，对于任何企业的发展而言，认清这是怎样一个时代是最重要的。

很多人将如今这个年代称为“雾霾的时代”，在互联网思维的冲击下，商业发展变得前所未有的迅猛。然而，在信息的快速传播中，我们反而难以看清自己的竞争对手，难以分清敌人和朋友，难以找到自己学习的标杆。在过去，我们在寻找标杆时，通常是着眼于行业内部，而互联网带来的却是颠覆，可能你刚学了一半，你找到的“标杆”就已经给互联网颠覆了。

如今，我们需要学习的实际上是“如何解读信息差”：首先是城市与城市之间的信息差，现在的沿海城市比内陆城市发达，内陆的企业就可以去沿海城市学，那美国是全世界市场经济最发达的，你也可以直接去学，去学最先进的东西；其次是行业与行业之间的信息差，就像我是做图书的电商，那电商领域哪个行业最牛？那肯定是服装行业，它去年一年的销售额达到了7000多个亿，那学学他们的玩法，英特华的增长速度自然就上去了。

在这样一个时代，跨界是身不由己也是势在必行的。英特华从传统的书店跨界转型为网上书店后，没有就此停步不前，而是在不断寻找新的“标杆”。每一个从事商业贸易的企业家都知道，时代是不断向前发展的，停步不前就意味着退步。英特华如果只是在图书这个领域内自得其乐，那没准哪一天，别人就会取代英特华。所以，我凭着跨界的互联网思维，又带着英特华突破了图书这一单一领域，跨界到其他领域，比如我们与图书搭配销售的生活用品、培训课程等等。

从英特华发展的过程中，我们可以看到，如今商家身不由己的跨界，其实是包含两个方面的。

其一，传统商业向电子商务的跨界。传统商业向电子商务跨界，这已经是不争的事实。互联网时代的到来给了电子商务最好的时机，物流体系的完善又让电子商务如鱼得水。没有一家传统商务企业能够拒绝电子商务的诱惑。况且，电子商务早已成倒逼之势，传统商业的跨界是势在必行的。

其二，电子商务领域内，行业跨界也是必然之势。君不见京东、苏宁、当当等电商巨头，早已放弃了过去单一的产品战略，转战多品类发展。京东如果只是卖电子产品，它不会发展到如今的局面。电子产品、日用品、图书、母婴用品，甚至是彩票、电影票等票务行业，京东都做得如火如荼。为什么？因为只有跨界才能基于用户的需求，多层次挖掘，从而设计出好的产品组合，引导消费者消费。

英特华能只卖图书吗？显然不能。一个购买图书的消费者，其身份不同，需求也会随之变化。大学里的女性消费者喜欢时尚、喜欢言情书籍，但是她为人母的时候，需求就会发生变化，她就会需要《好妈妈胜过好老师》这样的书籍，需要关心柴米油盐酱醋茶等。如果不跨界发展，英特华就会失去这些成熟的老用户。所以，行业内的跨界对英特华来说，也是势在必行的。

相信随着互联网的进一步发展，英特华的跨界领域也会越来越多。英特华筹建电子商务商学院，就是想要跨界到教育培训行业，这个行业与英特华的图书也是息息相关的。只要基于用户需求深挖需求，跨界就会变得轻松容易。

跨出去是快速发展的重要途径

很多商家曾经提出过这样一个困惑：互联网时代里，不跨界是等死，而跨界就是找死。为什么会这样呢？因为很多商家只是学会了在产品表面上的跨界，没有将跨界的内涵理解透彻，以为将自己的电商商铺开得像杂货铺子一样，就是实现跨界了。这样的认识是非常错误的。

英特华在发展初期，也非常大胆地跟着众多的电商商家进行跨界尝试，将货品的品类铺得很广。甚至看到京东、当当、亚马逊铺多少品类的东西，英特华也发誓要铺多少品类的东西。但是这样的跨界铺货没有进行多久，英特华就感觉力不从心了。对图书行业了解一点的儿人都知道，图书行业内部图书的品类太多了，比如母婴类书籍、考试类书籍、励志类书籍、经管类书籍等等，在这些大类的下面，又有细小的分类。如果全部涉及，英特华只在图书这一块儿就会非常吃力，更别说跨界到其他领域内了。

所以英特华深刻认识到，对于互联网时代的商家来说，跨出去是快速发展的重要途径，但同时也要找到自己合适的跨界方式和途径，否则跨界就变成了找死。

前面我们已经说了很多，互联网时代的跨界是势在必行的。如果不跨界，单一的品类发展非常困难。就如京东、当当、亚马逊等电商巨头，它们从单一的品类跨界到全品类发展，就是顺应了电商发展的趋势。英特华电商从图书起步，刚开始也只是在图书领域内经营。并且，因为英特华的前身是实体书店，还主要经营考试类书籍。所以英特华刚起步的时候，也以考试类书籍为主要经营产品。

发展了一段时间后，我们觉得考试类书籍这个品类太单一了，没法扩大发展，所以又将经营的品类扩展到母婴类书籍等。就这样，英特华电商的经营品类从单一逐渐跨越到多样化的商品。如果从大的类别来看，英特华的跨越也只是在图书领域内的小跨越，但是正是这种跨出去，让英特华找到了一条快速发展的重要途径。

随着母婴类图书的热销，英特华从消费者的需求中嗅到了些许的商机。对于母婴类图书的消费者来说，他们关注母婴类书籍，就是因为家里有了或者将有小孩子。如此一来，这样的消费者对母婴类用品的需求就会很旺盛，比如儿童玩具、儿童用品等。对于消费者自己来说，如果是母亲，她除了关心儿童用品，还会关注面膜、美容、孕后恢复等相关产品。这样，围绕着母婴类一本书，英特华就挖掘到这一类消费者的全方位、多角度的需求。这不正是互联网企业基于用户需求的跨界吗？

理所当然的，我们立马认识到，英特华要想扩大发展，就必须在书籍的基础上扩大品类，实现更大幅度的跨界发展。很快地，面膜、口罩、化妆品等产品被加入到英特华的产品组合设计当中，依靠开门产品和利润品的巧妙组合，英特华在跨界的路上看到了希望。在不到两年的时间里，英特华的年销售额已经超过了几个亿，快速发展的目标得到了实现。

跨出去，这不仅仅是一种商业行为，更是一种适应商业竞争的思维模式。万宝路之所以能够成为广告王，就是因为它懂得跨出去，在不同的领域内吸引消费者；英特华之所以在短时间内得以快速发展，就是因为我们懂得跨出去，在更广阔的领域内基于用户需求自由设计产品组合。

我之所以说跨出去是一种互联网时代的商业竞争思维模式，是因为跨出去并不是随便涉足某一个领域那么简单。要想跨出去，就得先在你现有的消费群体中挖掘他们的需求。每一个消费群体都有共同的消费习惯和消费商品类型。基于用户的需求进行深度挖掘，就能看到商家现有领域、商品与将要跨界领域、商品之间的联系。为什么英特华没有在母婴类书籍中跨界搭配男士剃须刀等商品？因为经过对消费者需求的深度挖掘，母婴类书籍与男士剃须刀之间的关联非常弱，进行商品组合的话根本没有吸引力，卖不出去。可见，在跨界之前，对客户需求的挖掘有多么重要。而这种跨出去，绝对不是简简单单的联想，而是在强大的数据分析基础上的思维转换。

不过，就像在前面提到的那样，很多商家很困惑，为什么京东、当当、亚马逊可以有如此多的商品品类，他们几乎涉足了市场上的每一种主流商品，但是它们却生存得很好？我们是不是也可以跟着它们扩大品类，实现多元化发展？

答案是否定的。因为英特华已经进行了探索，并且有惨痛的教训。对于京东等电商巨头，它们凭借强大的资金实力、强大的品牌影响力等优势，可以实现全品类的多元化发展。但是对于一般的电商商家来说，资金实力不足，品牌没有影响力，发展全品类就意味着失去了专业化优势，在竞争中只剩下比拼价格和品种的丰富了。但是在价格和品种的丰富方面，京东、亚马逊等电商具有无可比拟的优势，在这个层面和它们竞争无异于拿鸡蛋碰石头，落得一个惨痛败北的结果。

在进行了“欲与电商巨头试比全”的竞争后，英特华败了下来。我清醒地认识到，要想和电商巨头竞争，就要在自己的领域内发挥优势，合理跨界，另立规则，做一个捅破天花板的企业家。

可见，跨出去既是电商快速发展的重要途径，又是电商埋骨他乡的危险之路。电商必须牢牢把控自我优势，基于用户需求谨慎跨界。

世间本无界，何来跨界

说了很多的跨界，但是我们都知道，互联网时代的到来，让整个世界的联通与交流变得更加便捷和轻松。地球村早已是大家耳熟能详的概念，各行各业的边界也变得越来越模糊，而更多的行业则出现了跨界和融合，整个世界成为一体的趋势越来越明显。

君不见，电子商务已然成席卷之势，传统行业在电商的推动下，纷纷开始转型。互联网思维成为市场上人们津津乐道的时尚思维模式，连餐饮行业也诞生了很多互联网企业，比如“雕爷”牛腩、“黄太吉”煎饼，等等。在常人眼里，两个互相没有任何关系的事物，都可以通过跨界来实现融合。

那么，面对如此汹涌的跨界浪潮，存在于我们身边的跨界又有哪些呢？

传统行业向电子商务的跨界。在大多数人的意识中，传统与互联网是格格不入的两种存在。餐饮旅游业、制造业、房地产、医疗等行业，都是与人们生活息息相关的传统行业，它们与互联网的电子商务是有着较远的距离的。但是，电子商务的浪潮冲击着每一个行业，传统行业也不能例外。餐饮业中“雕爷”牛腩、“黄太吉”煎饼等通过互联网做得风生水起，“饿了么”等点餐网站也日渐火热；阿里巴巴联系了买方和卖方，制造业也能够实现定制生产；医疗行业的淘宝挂号等大受欢迎……只要是人们生活生产需要的东西，都或多或少地涉足电子商业。传统行业再也不能称之为传统行业，因为它摇身一变，就可能是非常纯正的电子商务企业。传统与电子商务之间的界限早已被打破，呈现出你中有我，我中有你的局面。等电子商务的发展日渐成熟，也就不存在传统行业与电子商务的区别了，所谓跨界就变成了一个无从说起的概念。

不同行业之间的跨界已成为电子商务发展趋势。电子商务在商品展示和货源存储方面有着天然的优势。在过去，你不可能在服装店里看到有图书、食品、工艺品等商品的摆放和售卖；你也不可能在书店里看到鞋子、袜子、工艺品等商品的出售。即使是电子商务刚刚兴起的时候，专卖服装的网上店铺也只售卖服装，专卖图书的网上店铺也只售卖图书。这种专业化的商业形式正在被电子商务慢慢改变。诚然，专业化的售卖，尤其是像服装、食品等商品，能给消费者专业、可信的感觉。但是顾客的需求是多样化的，一位女性消费者在逛淘宝店铺的时候，她除了想买衣服，还想买包，还想买鞋子，还想着顺便买点指甲油、护发素之类的东西。单一商品的陈列是远远满足不了客户的需求的。所以如今的电商就呈现出越来越明显的多品类化跨界趋势。当当网作为知名的图书网购商城，其在不断发展中已经呈现出全品类化的发展趋势；京东商城以电子产品的网购起家，如今已经发展为一家全品类的跨界电商。英特华也不例外，虽然英特华在图书的品类区分上越来越细，但是在产品组合设计上早已采取了跨界的模式。英特华售出《好妈妈胜过好老师》这本书，就会搭配口罩、面膜等跨界商品来培育客户。多样化、多品类化的行业跨界，是未来电子商务的必然趋势。

但是，无论怎样跨界，各行业、各商家最终的目的都是为了满足消费者的需求，最终实现企业自身的价值。满足客户多样化的需求是企业跨界的目的之一，不管是传统行业电子化，还是电子商务多品类化，如果不能最大程度地满足客户需求，那这样的跨界是没有意义的。所以，从这个角度来说，这个世界上根本不存在跨界与不跨界的问题，只存在需求能不能满足的问题。

况且，互联网已经将整个人类世界连接为一个统一的整体，传统意义上的地理分界线在商业中已经被淡化，甚至不存在了。人类的需求早已融合为一个统一的整体，更无边界可言。通过电商，世界上只要能联网的地方，就能够在网上买到自己想要的东西。互联网给了人们交流的自由，也给了商业销售的自由。

我们在谈论跨界的时候，其实是在一个无界的世界中讨论的。所以，跨界与否，根本只是电子商务当前的一种存在形态罢了，电子商务的未来一定是无界的。世界上所有的行业归根到底都是一个行业，那就是电子商务行业。电商的未来是主宰整个商业世界的未来，只要涉足了电子商务，就根本无边界可言，跨界之分。

商业的最高境界：龙行无界

什么是商业？商业指以货币为媒介进行交换从而实现商品的流通的经济活动，它是一种有组织的提供顾客所需的商品与服务的行为。既然是一种提供商品与服务的行为，必然与人们的生活息息相关。随着时代的发展，人们的生活已经极大丰富，对商品与服务的需求也越来越高、越来越个性化。所以用户的需求就成为商业的核心，决定着商业发展的步骤和方向。

中国自古以来就讲求“天人合一”，在高手的眼里，世间万事万物都是相通相连的，根本不存在什么阻隔和界限。对世界运行规律通透的人，眼里自然不存在你我他的区别。佛家也讲“色即是空，空即是色”，只要你足够智慧，世界是不存在界限的。

在商海中打拼的每一个企业家，都对商业有自己的理解。正是这种理解，决定着他们事业的大小成败，影响着他们在商业竞争中的决策方向。马云为什么能够在做阿里巴巴的时候，又做出来一个淘宝网？为什么他在淘宝和天猫的发展过程中，又将支付宝做大做强？做大做强支付宝还远远不够，马云又涉足金融行业，开始做起了余额宝、阿里小贷等金融产品。近日又传出，马云入股恒大，想要在足球领域玩一把……这一系列的商业动作，看似漫不经心，其实贯穿着马云对商业的理解，体现着他对商业本无界限的通透领悟。

我在做书店的同时，也涉足过餐饮业。在这个时期，因为有了一点小小的成就，我觉得自己很了不起，所以没有多大的追求，觉得经商就是为了赚钱。但是后来偶然参加了一次培训，我对商业的理解被改变了。当我看到诸多身价过亿的企业家都在认真学习、饥渴补充知识的时候，我才明白，从事一项事业，其实就是人生的成长过程，事业怎么样，你的人生就怎么样。你对所从事的事业（商业）如何理解，你对人生就是如何理解的。

等我开始涉足电商，在电商平台售卖书籍的时候，我又明白，商业的规律和方法其实都是通用的。过去我卖试卷、卖考试书籍的经验，同样可以搬过来放在电商的经营过程当中。只要我的心中不设置界限，我所在的商业领域就是无界的！就如武侠高手一样，当他们悟出了武学真谛，在他们的眼中，世界就是统一的，世间所有的东西都是和谐的、无界限的，但同时万物也都可以成为杀人武器，就看你怎么理解和运用。

当电商做到一定阶段的时候，我又认识到，电商其实只是人们对它的一个区分罢了。人类社会从诞生到现在，商业都一直存在。它最本质的就是为人们的不同需求提供商品和服务，至于形式，古往今来存在着各种各样的商业形式，有丝绸之路的商人，也有乔家大院式的商人，只要符合商业规律，一切商业都是互通的。所以，电商作为当下比较火热的商业形式，它也只是商业浪潮中的一朵小浪花。要想做好电商，就必须将它放在整个商业历程中去理解。英特华做电商，也做培训，英特华卖商品，也卖服务，这一切都是商业本身赋予英特华的责任和权利，英特华很好地顺应了这一规律，所以能够发展壮大。

世界本无界，何来跨界；商业本无界，龙行无界！每一个从事商业行为的企业和个人，都必须在掌控商业规则的情况下，熟练使用各种商业竞争技巧和方法。互联网时代，用户需求是至上的，所以多层次、全方位满足用户的需求就是每个商家首要关注的问题。而如何挖掘用户深层次的需求，就是建立在商家对人性的透彻理解基础之上。世间万物，不能割裂理解。商界千万家，只有组成圈子，优势互补，才能共同繁荣。我希望英特华和千万家企业，能够在商业的浪潮里优势互补，通透商业规律，真正达到龙行无界的境界。

尾　声

玩转圈子，才能玩大生意

OBSERVATION

OFE-COMMERCE

FROM CLOUD

每一个企业家，最大的梦想就是做大生意。每一个发展中的企业家，最大的梦想，就是拥有一个强有力的圈子。如今的时代，不管有多少种商业规则、商业模式，都离不开企业家圈子的共享共建。一个企业家遇到了困难，他可以求助于圈子内的其他企业家；一种商业模式取得了成功，它可以复制给圈子里的所有企业家。这就是圈子的好处。英特华的电商玩法，只是一家之玩法，如果能够让所有的电商企业家分享这种玩法，并让他们得到实惠，那才是英特华追求的终极目标。

一切商业都是人性的商业

人的本质属性就在于其社会性，每个人在生活当中都会与周围的事物发生关系。可以说，社会就是人组成的社会，人则是社会中的人，人于社会是密不可分的。当企业家理解了人的社会属性时，就应当明白，一切的商业其实也都是人性的商业。

在传统商业环境下，很多企业家对于人的理解都过于机械。企业家们大多信奉西方经济学中的“理性人”假说，认为无论是个人、企业，还是社会团体和政府机构，都会合理利用自己的有限资源为自己取得最大的效用、利润或社会效益。确实，如果简单、机械地将人看作是“理性人”或者“经济人”，企业家在做决策时，就可以直接衡量自己所处的经济环境、面对的竞争对手以及消费者。

正是立足于“理性经济人”假说，企业家才能够认识到经济发展的规律，做出有意义的经济决策。而作为一种认识经济规律的工具，“理性经纪人”假说虽然直言不讳地说“人都是利己的”，但其并非提倡人人自私自利，而是以此为前提，去对经济发展规律进行有效的分析。

马克思主义经济学认为“人是各种社会关系的总和”，但马克思也在《资本论》中讲道：“分析经济形式，既不能用显微镜，也不能用化学试剂。二者都必须用抽象力代替。”也就是说，“理性经济人”假说实际上是对复杂的人的一个抽象，从而帮助企业家或者是经济学家理性地分析经济问题。

“理性经济人”假说无疑有着它的优点，能够成为企业家决策的助力。然而，企业家并不能以此为企业决策的唯一标准，事实上，在微观的商业环境下，人并非如此理性，而是充满着人性的。

在美国心理学家马斯洛看来，人是有需求的动物，而这种需求是有轻重层次的，只有当较低层次的需求得到满足之后，人才会追求较高层次的追求。也就是说，经济利益并不是人的唯一需要，人或许是利己的，但人还是会做出一些利他的行为，这种行为实际上是为了获得一种无形资产，或者说是满足自己的一种更高层次的需要，人的利他行为其实是一种最终利己的手段。著名经济学家西蒙就直言说：“这种利他实际上意味着明智的利己。”

人参与各种各样的经济活动，其最终目的其实是为了满足自身的某种需要，但经济人的需求偏好却是非常复杂多样的，甚至是人类生存和发展这样的因素都会影响到经济人的需求偏好。因此，如果企业家仍然简单、机械地看待商业活动的人，就会因为无法抓住对方的需求，而决策失误。

其实，自从 20 世纪 90 年代开始，随着信息技术与互联网的迅猛发展，人类已经不缺乏交流、互动的手段，信息也不再像传统商业环境下那样，作为一种稀缺资源而存在。因此，很多企业都已经更加注重营销管理的人性化，通过关注消费者的社会性需求，通过微信、微博等社交平台，进行产品推广，比如情感营销、体验营销、品牌资产营销等等都是立足于此。“营销之父”菲利普·科特勒将如今的营销时代定义为营销 3.0 时代，其内涵正是通过关注消费者的内心需求，以各种新型营销手段进行营销推广。

然而，在这样一个时代，企业想要成为一个一流的企业，并非只在营销推广领域关注人性即可的。要知道，一切的商业都是人性的商业，无论是营销管理，还是员工管理，或者是与其他企业家的竞争合作，都要将人性作为重要的衡量点。而这一切的前提，其实就在于企业家的人性，也就是企业家所处的需求层次。企业家不妨想象一下，在业绩的不断增长过程中，自己是否能够得到最大的物质利益的反馈？是否能够得到自己所需的荣誉、地位、自尊？是否能够最大限度地满足和表达自己的个人追求？

如果企业家不能正视商业发展中的这些人性因素，最终企业文化就会完全演变为利益的分配，为了在利益的分配中占据优势，企业与企业之间、企业内部员工之间都存在着利益倾轧的关系，在分分合合之中，过河拆桥、鱼死网破的故事也时有发生，最终甚至会发生家族成仇、朋友反目这样的悲剧。

一切的商业其实都是人性的商业，企业家在经营企业的过程中，一定不能忘记挖掘人性的优点。作为社会人，人其实有着各种各样的社会性需求，比如对劳动、交往、成就、奉献的需要等等，而这些需求其实就是企业家制胜“人性的商业”的诀窍。如果企业家能够正视人的社会属性，当然也就能够理解圈子的重要性。

圈子是什么？圈子其实就是社会。英特华打造的圈子，可以被称为电子商务俱乐部，但其实质上就是一个微观的社会，在这个圈子当中，企业家可以与各行各业的企业家聚在一起，不需要考虑你争我夺的市场竞争，而是在平和交流、互动中，在共建、共享中，每个人都做出自己的奉献，从而在别人的帮助下，实现自己的成就。

潜力开发，发现你都没发现的力量

企业家总是想要用自身有限的资源，实现更大的甚至是无限的经济效益。然后，大多数时候，企业家都会无奈地发现，企业的力量实在是太过有限，无论如何挖掘、开发，都会感到力所不逮。

其实，人的潜力是无穷的，很多时候，企业家只是没能发现自己的力量。很多企业家羡慕万达的庞大规模，羡慕万达董事长王健林的傲人成就，但王健林是怎么做到的呢？王健林将万达打造为一个平台，将餐饮业、服装业、娱乐业等各行各业的商家融入自己的圈子里，然后去与各地地方政府谈判。地方政府要发展地方经济，要招商引资，看到万达这个圈子里庞大的商家规模，以及存在的商机，就会给予廉价甚至是免费的资源，这样，万达以及圈子里的商家，都可以以将此打造为自己的竞争优势。而作为一个全国知名的品牌，万达一旦建成，就能够迅速形成一个商圈，将当地的消费者吸引到万达广场来，这就是圈子的力量。

企业家或许会感到自己一个人的力量是有限的，但一群人的力量却是无限的。英特华正是看到了这一点，才一直不遗余力地打造、拓展这样一个高端的圈子，通过将各行各业的资源整合到一起，让各行各业的企业家一起来建设这个圈子，在圈子里共享自己的资源，从而开发出更大的潜力。

很多企业家在经营企业时，都在考虑如何从企业内部开发出更大的潜力。“在所有经济资源中，人力资源是使用效率最低的资源”，这是很多企业家的共识。然而，员工自己要不要去工作、要不要积极地投入到工作中去，其权力都掌握在员工自己手上。

那么，面对企业效率如此低下的人力资源，企业家要如何做？单纯的指望员工能够发挥出自己的主动性和积极性吗？这样的做法也未免太过被动，甚至可以说是“毫无作为”了。“人力资源和其他资源的不同之处在于，一个人的‘发展’无法靠外力来完成，不是找到更好的方法来运用既有特性那么简单。人力资源发展代表的是个人的成长，而个人的成长往往必须从内在产生。因此，管理者的工作是鼓励并引导个人的成长，否则就无法充分运用人力资源的特长……”彼得·德鲁克在《管理的实践》中就对人力资源进行了精辟的分析。

要开发企业员工的潜力，企业家就需要学会如何鼓励与引导员工的成长，要从根本上激发员工的主动性和责任感，这仍然需要企业家投入大量的精力。而从另一个角度来说，即使是辞掉“不做事”的员工，想要招到合适的人才也是极为困难的。曾写过《海底捞你学不会》的黄铁鹰老师就曾说过：“不管你如何做，你都无法让你选对人的概率提高到50% 以上。”

而当企业家参与到英特华这样一个高端的圈子之后，无论是对人力资源，还是对物力资源，甚至是对自己潜力的开发，都能够轻易地从中发现自己从未发现的力量。

第一，开发人才的潜力。人是经济活动的主体，也是生产活动的主体。一个企业的生产经营活动做得如何，很大程度上都取决于人这一因素。企业家要提高企业的经济效益，实现企业的经营战略，只要能够最大限度地挖掘人的潜力。并为企业收纳尽可能多的人才，才能做到人尽其才、才尽其用，从而在不断解决员工劳动时间中，提高员工的劳动生产率。

而在英特华电子商务俱乐部里，英特华就是通过举办各种主题的沙龙活动，邀请竞争对手的精英人才过来做分享，从而挖掘到自己所需的人才，将竞争对手当作自己的人才库。企业家一旦参与到英特华的圈子里来，当然也可以在这样的活动中，找到自己所需的人才，以提高人力资源的生产率。另外，英特华同样会组织人力资源管理这样的主题沙龙，邀请专业的人力资源讲师过来为大家做分享，传授大家开发员工潜力的要诀。

第二，开发物的潜力。虽然人的因素是企业成功与否的关键要素，但如果没有必备的物力资源，有再多的人才，也会陷入“巧妇难为无米之炊”的尴尬境地。在企业的生产经营活动中，生产资料的数量、质量以及利用程度，对于企业的经济效益有很大的影响。如果企业家能够搞好原材料、能源及设备的供应及储备，就能够在节约消耗中，提高物质资源的利用率。

英特华打造的物流园，采取的一个模式就是以物易物模式，在这里，企业家可以最大限度地提高原材料、能源及设备的采购、销售效率。由于英特华的圈子里有着各行各业的商家，这就意味着，企业家可以在英特华的物流园里找到各种各样自己所需的物资，甚至可以直接以自己的产品去“兑换”自己所需的物资，从而节省时间和成本。

第三，开发自己的潜力。很多企业家认为自己的企业只是二流、三流，甚至是不入流，因此，很难在市场上找到有价格优势的资源，也很难吸引更多的人才进来，在商业竞争中，相对于那些一流企业，自己的企业自然处于劣势地位。

企业家之所以有这样的感受，其实是因为他们还没有开发出自己的潜力。如何开发自己的潜力？英特华能够在各地拥有免费的地皮甚至是建好的仓库，正是因为英特华以及这个圈子里的商家，能够为当地政府或者合作方带来良好的经济效益。如果企业家都能够加入到英特华这样一个高端的圈子里，就会发现，即使自己的企业并非一流，但也能获得一流企业都不一定能够得到的资源。

企业家在经营企业的过程中，千万不能“妄自菲薄”，认为自己这也不行、那也不行，感觉“要人没人、要物没物、要钱没钱”。其实，这都是因为企业家还没能开发出自己的潜力，每个企业家身上都有自己还未发现的力量，等着企业家去开发。

企业家不再孤独

很多企业家常常会感到特别的孤独，因为总是感觉在做企业规划的时候，下面的员工跟不上自己的脚步，当自己站在很高的战略高度考虑问题时，下面的员工却显得“很矮”，不能提供有效的意见或者建议，这就导致企业家有时候“拍脑袋”做决策而发生错误。怎样让企业家不再孤独呢？参加企业家俱乐部是一个很好的选择。

一般而言，企业的生命周期分为四个阶段——创业期、发展期、成熟期、衰退期。所以，有很多人说，企业家创办企业其实就是为了等待企业死亡的。然而，英特华并非如此，对于英特华而言，我们的生命周期只有两个阶段——创业期和发展期，绝不会走到成熟期，因为到了成熟期之后，之前一起创办企业的创业元老或者企业员工，都已经没有了很强的斗志，而更倾向于安于现状，而想要“更上一层楼”的企业家自然会感到孤独，到了那种时候，企业自然也就离衰退期、离死亡不远了，毕竟，企业家一个人无法撑起整个企业的存活。

企业家如果不行让企业走向衰退的话，就不能让企业从发展期变为成熟期。马云是做阿里巴巴起步的，然后用淘宝做 C2C 迅速发展起来，而现在，B2C 的天猫正处于高速发展期的时候，马云就辞职不做天猫，改做菜鸟网络。马云从来没有让自己的企业发展到成熟期，而不是不断地跳出来，寻找新的商机重新进入创业期，从而保持员工高昂的斗志，让阿里巴巴的规模越发壮大，成为互联网行业当之无愧的巨头企业。

而英特华也正处于高速发展期当中，英特华原本可以在 2013 年做到 10 个亿的销售额，但为了降低风险，英特华决定控制在 3~5 个亿之间；但到了 2014 年，英特华则有不一样的目标：目前，在天猫平台上的销售额占据了英特华销售额的 80% 以上，考试类的图书则占到了天猫平台销售额的 70% 以上，而到了 2014 年，英特华则要做到考试类图书销售额等于社科类加少儿类的总和，天猫平台的销售额等于当当平台和亚马逊平台以及 1 号店平台的总和，粗略地估算下来，英特华 2014 年的图书销售额就可以轻松达到 15 个亿以上。看到了阿里巴巴以及那么多互联网巨头企业的发展经验，英特华自然也不会让自己步入成熟期，而是在稳步的发展当中，寻找新的商机，寻求新的突破。

有很多企业家在参加培训课程时，会听到培训讲师说“参加了我这个课，你们就不要再参加别的培训课了，把时间放在企业里就好了”。在他们看来，企业发展不好是因为企业家的缺位，因为企业家总是不待在企业里，不能监督制度的执行，或者了解企业、激励员工，所以企业家的决策才会与企业的发展脱轨。但英特华并非如此，我每个月只有 10~15 天的时间是待在企业里的，其余时间都是在外面到处跑，与各行各业的人在一起交流。我了解我的企业，也能够很好地激励我的员工，我最怕的其实就是因为企业里的人跟不上我的步伐，让我做出“拍脑袋”的事情来，从而制定了错误的发展战略。现在很多的企业家都是“只顾低头拉车、不顾抬头看路”，但企业家其实不应该总是在企业里待着，而是应该出去和别人聊聊天，然后把别人的东西拿到自己的企业来用。

英特华之所以能够得到这样快速的发展，正是因为我们会抄袭，其实我最厉害的一招就是抄袭，只要觉得好的东西，我都会拿过来抄一抄，但我会在对其进行更深的挖掘之后，才应用到英特华的发展上。因此，我将英特华的发展文化称为“杂交文化”，是杂糅了各行各业的发展经验，而总结出来的发展文化。要知道，只要是好的东西，那一定是有很多人在研究这个东西的，那企业家只需要到先进的行业或企业去看看，看看他们在研究什么好的东西，再拿回来抄一抄、改一改，用在自己身上，就能让企业的发展不走冤枉路。

要注意的是，企业家一定不能单纯地把那些好的东西照抄过来，而是要对其进行深层次的研究，然后挖掘到适合自己企业情况的那个点。英特华在发展过程当中，就总结出了一个“三字真经”——“抄、改、超”。先进的行业或者企业之所以先进，就是因为他们手中握有这样那样的好的东西，如果企业能够找到这些好的东西，就可以把先进的行业或企业所做到的最高点，当作自己的起点，再对其进行研究、深挖，这样一来，自然可以快速地超过他们。

所以，英特华现在就在做电子商务俱乐部，其目的就是打造一个高端的圈子，将企业家都融入进来，在不断的互动中，擦出新的火花。电子商务的时代，其实就是一个“外行颠覆内行”的时代。我在做图书之前，是做饭店生意的，刚进入图书行业时，天猫平台上有很多的竞争对手，但我把餐饮行业的经验拿过来改一改用在图书行业，现在呢？到天猫上怎么找，都已经找不到以前的那些竞争对手了，如果我是一直做图书行业的，可能我就颠覆不了这些竞争对手了。

因此，企业家想要不再感到孤独，就来参加一个这样的圈子，在这样的俱乐部当中，与各行各业的企业家聚在一起，做交流、做互动，汲取各行各业的先进经验，然后用到自己的企业中，才不会让企业从发展期进入到成熟期，那就真的是离“死亡”不太远了。

共建商业决策机制，降低决策风险

一个人的经历和经验是有限的，如果只靠企业家一个人做决策，就很容易发生失误。而一旦企业家做出错误的决策，对于企业而言，就可能是“灭顶之灾”，有时候，企业的发展失利并不缺乏执行力，而就是因为执行了错误的决策。因此，企业家在参加到英特华电商俱乐部这样的企业家俱乐部之后，只要学会共建商业决策机制，从而降低决策风险。

正如前文所说，电子商务的时代，其实就是一个“外行颠覆内行”的时代。很多在互联网行业中混的风生水起的企业家，其“老本行”都与现在所从事的行业相去甚远，正是因为他们能够将外行的好的东西带进来，从而颠覆内行。马云是做电子商务起家的，但他做余额宝，就几乎颠覆了传统银行业；现在做菜鸟网络，也会颠覆传统物流行业；他还要做众安保险，那也是会成为传统保险行业的颠覆者。

因此，企业家在做决策的时候，如果能够与一群外行的老板聚在一起，让大家给出出主意，所做出的决策就会保险更多，决策风险当然也会大大降低。而在电子商务的世界里，企业家“不做电子商务就是等死，贸然去做电子商务就是找死”。英特华在从事电子商务的几年时间里，也经历过各种各样的痛苦，英特华知道，对于企业家而言，“摸着石头过河”是最要不得的，一不小心，企业家就会带着企业跌进“河里”。所以，英特华就成立了一个企业家的圈子，做电子商务俱乐部，将自己从事电子商务两年半以来的经验和教训与大家进行分享，让各行各业的企业家从英特华的发展经历中汲取经验，避免其他企业家经历英特华经历过的痛苦。

在英特华的这个圈子里，无论是二流、三流，还是不入流的企业，企业家都可以根据英特华的经验，迅速将自己的企业打造为一流的企业。为什么英特华有这样的自信？英特华电子商务俱乐部每个月都会有一次四天三夜的聚会，就是为了让各行各业的企业家聚在一起，参加沙龙，给大家做微营销、移动互联网这样的主题培训，或者是听一流企业的企业家、经理来分享经验，到最后一天，则是大家在一起自由探讨。

可以说，“企业家在什么样的圈子，企业就有什么样的成长”。企业家如果能够进入这样一个有一流企业的圈子里，那些二流、三流甚至是不入流的企业自然就可以迅速成长为一流企业。企业一定不能走到成熟期，因为成熟期距离衰退期实在是太近了，在发展期的时候，企业家就应该跳出来，带着员工重新步入创业期。而怎样做好再次创业的决策呢？则需要在这样一个企业家俱乐部里，与大家一起共建商业决策机制，来降低决策风险。

第一，提高企业家的风险意识。企业家的决策行为是由其意识决定的，企业家想要避免发生错误的决策行为，首先就要树立好防范决策风险的意识，否则，在这样一个各种风险层出不穷的竞争环境中，企业就可能由于缺乏风险意识，而走入竞争对手的陷阱。

如果企业家一直在企业内部“闭门造车”的话，就算意识到可能存在决策风险，也会因为陷入思维惯性中，而被竞争对手抓住弱点，成为商业竞争中的“loser（失败者）”。但当企业家进入到英特华电商俱乐部这样的圈子当中之后，就可以有效提高自己的风险意识，通过与各行各业的企业家的交流，了解企业发展过程中可能存在的风险，从而进行有效规避。

第二，建立有效的决策机制。一套有效的决策机制，是企业防范决策风险的重要保证。一般而言，一套有效的决策机制的几个关键点在于：适当的分权、有效的监督、管理层级的减少。适当的分权就是将部分权力下放给中层管理者，而企业家则集中精力于企业的重大决策事项，避免“事必躬亲”导致企业家疲于应对，而发生决策失误；有效的监督则是防范企业家决策失误的有效保障，“当局者迷、旁观者清”，赋予“旁观者”监督的权力，能够有效地降低决策风险；而减少管理层级，则是为了避免企业家的决策信息，在层层传递中出现损耗，从而提高企业决策的及时性和准确性。

我每个月只有10~15天的时间待在英特华，就是因为将部分权力赋予了我的同事，而我自己，则可以在外面与人交流，汲取别人的经验。在做一些重大决策时，我也会在整理出一套初步的方案之后，与企业里的人或圈子里的人交流，让他们提供一些意见，避免自己的思维惯性导致决策失误。如果没有这样一个圈子，企业家又无法在企业内部找到跟得上自己步伐的人才，就很难建立起这样一套有效的决策机制。

第三，建立风险预警监控体系。建立风险预警监控体系，是企业家对决策风险进行全过程控制中的重要一环。这个体系并不是为某个部门或某种业务服务，而是覆盖到了企业经营的各个方面，为企业提供风险预测、风险识别、风险处置等服务。在这样一套体系下，企业家可以及时收集到决策所需的各种信息，从而在全面、深入的分析之后，做出正确的决策。

英特华本来可以在 2013 年做到 10 个亿的销售额，但正是因为这样一套风险预警监控体系，英特华为了避免在盲目扩大销售额的过程中出现风险，才做出了“销售额控制在 3~5 个亿”的决策。

企业内部的人才是有限的，企业家的精力和经验同样是有限的，如果仅仅依靠自己，企业家很可能就会做出错误的决策。而参加这样一个企业家俱乐部，在与这样一个高端的圈子里的企业家的交流过程中，企业家就能够相互帮助，在信息共享中，共建商业决策机制，从而有效降低决策风险。

众筹——拿大钱办小事

圈子并不仅仅是一个进行“头脑风暴”的地方，同样可以给企业家带来实质性的支持。在电商时代起步的时候，可能你一个冲动到淘宝上开个小店，就能不小心大赚一笔，就像前文所说的，因为你站在了“风口”，所以你才能做大。那到了第三代互联网，迎合“风口”的做法就是进行平台化的布局，做平台并不是做产品，而是通过整合各类企业，实现互联网的产业化和生活化，这些其实都离不开资金的支持。

像我进入互联网的时候，其实只是赶上了末班车，但通过不断地寻找“标杆”，去学习借鉴，不断地挖掘自身的潜力，如今英特华也做出了这么大的成绩。即使如此，我仍然会感受到极大的危机感，因为互联网做的就是颠覆，任何时候慢了一步都可能被别人所颠覆。

而平台化布局作为时下的“风口”，同样存在着陷阱。很多人做平台都说是在“烧钱”，为什么说是“烧钱”？其实就是拿小钱办大事，“烧着烧着”资金跟不上了，平台也就死掉了。怎么跳过这个陷阱呢？我们就要学会拿大钱办小事。大钱从哪来？圈子！

只要处于一个合适的圈子之中，众筹就成了一个可靠而便利的商业模式。众筹是什么？当圈子里的某个人有了一个独特的创意，但没有足够的资金，怎么办？他就可以发起一项众筹计划，圈子里的任何人看中了这个计划的可行性或者盈利性，都可以跟投，从而实现拿小钱办大事的梦想。具体来说怎么做呢？这里可以给大家举一个简单的例子：

我们曾经和北大合作开了个1898咖啡馆，我们当时是怎么做的呢？我们首先吸纳了10个人进来，都是北大各个系比较有“话语权”的人。我们就给他们承诺：“我们合作开这个咖啡馆，一个人只要交3万元钱就能成为我们的股东，我保证这个咖啡馆五年之内不倒闭，到时候3万元钱本金还给你，你还能分到咖啡馆的利润。”，然后让他们去北大帮我们吸纳更多的人。就这样，很短的时间内，我们就吸收到了预定的100个人，每个人3万元，我们就有300万元的启动资金。后来我们通过这个100人的圈子“滚雪球”，又吸纳了100人进来，当然，后期进来的门槛就不是3万元了，我们涨到了5万元。

通过圈子的扩展、再扩展，我们直接吸纳了200个人到这个咖啡馆里来，并筹集到了800万元的启动资金。接下来就很简单了：我们手里有800万元，开一个300万元的咖啡馆，是不是很容易？我们圈子里有200个人，且不谈这些人还有他们的圈子，我们会定期在圈子里举办一些有意义的活动，自然会有人来消费，是不是就不愁“五年倒闭”的问题？当然，我们有一个原则就是，这800万握在手里可以花冤枉钱，但绝对不可以贪钱。这个圈子的规则其实很简单，大家就是聚在一起投资这么一个咖啡馆，用来聚会、活动、游戏，“成本均摊、收益均分”。

而这就是众筹的乐趣所在。

众筹就是所谓的“拿大钱办小事”，同样是做平台，别人是自己投钱去吸纳别人进来，而我们则是吸纳别人进来然后大家一起投钱做这个——这就是区别所在。目前，英特华正在筹备成立一个众筹研究院，我们会联合北大、政法大学等知名学府的专家，来对这个众筹计划进行研究，从可行性、合法性、盈利性等多个方面进行完善。那这个众筹怎么应用到今天的行业中呢？

我们曾经给东海县的一个伙伴做过这样一个布局：他原来是某县的供销社社长，现在是个副县长，下面管着两万多家企业，这就是一个圈子。那怎么利用这个圈子做众筹呢？

据统计，目前县级以上城市的电商人才缺口达到 200 万人，而电商视频这块的人才缺口更是达到了 700 万人，很多企业想要进行互联网转型，但苦于找不到这样的人才。那这些企业只要想进行互联网转型，就必然的需要电商人才，而英特华凭借丰富的商学院经验，则能够满足他们的这种需求。

我们找到这些企业跟他们聊，其中一万家企业愿意跟我们合作。通过与当地的大学生合作，我们承诺为每个合作企业提供 20 名电商人才从而快速推动他们的互联网化转型。

加入到我们这个圈子，我们不仅给人才，还给技术。这些企业与英特华合作之后，就等于是和我们的云计算中心做了个链接，我们会为每个企业提供一套完善的语言系统，这套系统包括 PC 版、安卓版和苹果版等，企业可以免费使用这套系统来提高自身的电商效率。

随着智能终端可穿戴设备的普及，如谷歌眼镜、苹果手环、小米手环等产品的普及，在未来五年的时间内，手机可能就会直接被淘汰掉，其所有的功能都被智能终端可穿戴设备所取代。而由于智能终端本身的体积限制，它不可能提供一个较大的存储空间，因此，数据只能通过无线网上传到云端。如今，企业的互联网化转型，必不可少地需要完善的云端存储手段。而企业收集到这些数据之后，自然不能只是单纯的存储，而要进行分析，从而为企业下一步的发展提供完善的数据支持。

因此，英特华也开发出了一套完善的大数据分析系统，这样一套系统自然不是免费提供的，但英特华可以为圈子里的客户提供更为实惠的价格，一家企业只需要 10 万块钱，就能够进入我们这个平台，获取云计算中心收集到的各类数据。通过与这一万家企业的合作，我们就收到了 10 个亿的资金，而有了这些资金支持，英特华又能进一步升级自己的 B2B2C 数据库，通过把其他平台的数据转移到我们的平台上，将这个平台迅速做大做强。

商业的竞争，其实就是商业模式的竞争，这一点无论是在传统市场，还是在新兴市场都是不变的。企业要成功，就一定要设计好自己的商业模式和盈利模式，众筹则是时下平台化企业发展的秘诀，而众筹的实现也离不开圈子的支持。

发挥圈子的力量，合作让交易成本更低

生意要做大，就要有更多的现金流，也就要有更多的利润；要玩“价格战”，则要将产品以更低的价格投入市场。企业家怎么解决这之间的矛盾？需要发挥圈子的力量，用合作让自己的交易成本变得更低，以更低的成本、较低的价格，赢得商业竞争的胜机。

红星美凯龙在全国各地都有自己的连锁店，而且一旦建成，就会迅速有商家入驻，消费者也会认准这个品牌，前来购物。然而，红星美凯龙在全国各地这么多的连锁店，却都不是自己买地皮、自己建的，而是通过与地方政府沟通，由地方政府提供地皮和修建好的商场，红星美凯龙才会带着商家过去。这样一来，无论是红星美凯龙，还是跟着他走的商家，都可以赢来更低廉的交易成本，自然能够以更低的价格吸引消费者。

英特华正是在“抄袭”红星美凯龙的过程中，懂得了圈子的力量。英特华在与安徽国际商贸学院合作的过程中，就需要校方提供修建好的教室、机房、教师公寓，才会派遣自己的教练过去教学，如今第二批实训生即将毕业。英特华正在策划建造自己的实训基地，在得知这个消息后，安徽国际商贸学院想要提供一栋修建好的教学楼，让英特华将实训基地放在自己这里。然而，英特华却没有同意，因为在与安徽商务厅交谈之后，对方同意提供首期 5 万平方米的园区，用作建设物流园和实训基地，这样一来，英特华就可以在那里打造自己的商学院，也可以为圈子里的商家提供大仓储、大物流的服务。

未来的电子商务就是大仓储、大物流，菜鸟网络承诺的“次日达”，京东推出的“极速达”服务，正是基于其大仓储、大物流的优势。而英特华如今正在策划在合肥、深圳建仓，而且这些地皮、仓库都是由地方政府提供的，不需要英特华花一分钱。如果圈子里的商家更多一些，英特华就可以像红星美凯龙一样，在更多的城市拥有免费的地皮，以修建自己的文化园、创业园、电子商务园、物流园等。正是因为发挥了圈子的力量，英特华才能在与圈子里的商家的合作过程中，为大家带来更低的交易成本。

英特华一开始进入图书行业时，在天猫商城就拥有了近 30 家店铺，但由于当初图书品种不多，导致这些店铺 “自相残杀”。意识到这样的风险之后，英特华就开始对自己的近 30 家店铺进行分类，按照目标消费人群的不同，将其划分为公务员类、考研类、养身类、母婴类等等。而在这个基础上，在迅速积累了大批消费者之后，每个品类的店铺下就形成了一个圈子。有了这样的圈子，英特华又能够利用大数据时代的优势，对消费者进行精准定位，对消费者进行“二次开发”。

比如养身类中有近百万的消费者，英特华就可以与旅行社合作，在泰山顶峰举办一个养身论坛，参加这个论坛的价格（包括交通费、住宿费、报名费等）与去旅行一次的价格差不多，有这样的价格优势，就能够轻易在近百万的消费者中吸引几千人参加论坛，毕竟，以与旅行社差不多的价格，去泰山旅行养身一次，还能参加一次养身论坛，这样的活动还是很有诱惑力的。这其实就是 O2O 的一种形式，将线上的消费者拉到线下去进行互动，而对于不同圈子的消费者，英特华则可以找到不同的商家进行合作，举办不同的活动。

除此之外，英特华还可以与圈子里的作者合作，仍然以养身类图书为例。有的作者为了出名，写了一本养身类的书，就可以与英特华合作。作者提供免费的图书，英特华为其“贴书皮”，将这本书放在销量最火的养身类图书旁边，以捆绑、赠送或者优惠组合的形式，为这本书做推广。并且，英特华还可以承诺消费者，如果购买了这本书，还可以参加作者的讲座。这其实就是商机，对于英特华和作者而言，都是有利可图的事。英特华将这个圈子也称为俱乐部，通过将不同的人群放在一起，利用英特华的平台，开展形式各异的合作，就能够以更低廉的交易成本吸引更多的消费者，获得更大的利润。

英特华的网站其实做得不是很好，自从推出滞后就没有怎么维护、改版过。其实，英特华刚做图书行业，大多是在天猫、当当、亚马逊这样的电商平台上做，但三个月之后，英特华的网站就会变得“很牛”。为什么？因为通过对圈子的打造，英特华拥有了各种各样的俱乐部，就可以打造出一个非常专业的网站，将各个平台上的消费者引导到自己的网站上去，而圈子里的商家则可以与英特华共享这些消费者资源，对其进行开发。

英特华甚至能够为消费者提供这样一个服务——“图书购满199元，就可以加盟英特华俱乐部”。加盟这个俱乐部有什么好处呢？消费者生活当中有什么需求都可以得到满足，每个月都可以从英特华收到各种东西，比如洗发水、调和油、米……之所以英特华敢于推出这一的服务，正是因为英特华拥有太多的物资，在物流园的圈子当中，通过以物易物的模式，英特华能够以更低的价格获得各种各样的产品。而圈子里的商家，也可以通过这项服务，将自己的产品提供给英特华，让英特华帮助自己在目标消费群体中做推广，而由于大数据的优势，这种推广也更具针对性，出于消费者对英特华的信任，这种推广也更具效率。

当商家都聚集在一起时，英特华就可以发挥圈子的力量，为大家带来竞争优势。无论是在交易成本，还是在营销推广，或是其他方面，圈子的能量都可以得到不同的挖掘，从而让商家轻易地获得市场竞争中的优势地位，并迅速成长为一流企业。